Edizioni R.E.I.

Tutti i nostri ebook possono essere letti sui seguenti dispositivi: computer, eReader, IOS, android, blackberry, windows, tablet, cellulari.

Silvestri - Angioni

Forze Speciali Italiane

FS - TIER 1

ISBN 978-2-37297-3182

Pubblicazione e Stampa: 3 febbraio 2017
Edizioni R.E.I.
www.edizionirei.webnode.com
edizionirei@outlook.com

Silvestri - Angioni

Forze Speciali Italiane

FS - TIER 1

Edizioni R.E.I.

Indice

Forze Speciali Italiane

Le Forze speciali italiane sono unità delle forze armate italiane appositamente designate a condurre operazioni speciali e gli appartenenti a queste unità hanno la speciale qualifica di "incursore". Il Comando Interforze per le operazioni delle Forze Speciali, in acronimo CO.F.S., è una struttura delle forze armate italiane alle dipendenze gerarchiche dirette dello Stato Maggiore della Difesa, che coordina e gestisce le Forze Speciali Italiane, il TIER 1. Inoltre può essere richiesto ai rispettivi stati maggiori il temporaneo supporto delle Forze per operazioni speciali, il TIER 2 e il TIER3). Il COFS è stato istituito il 1° dicembre 2004, al comando del Generale Marco Bartolini e ha sede presso l'aeroporto Francesco Baracca di Roma-Centocelle. È il comando interforze che si occupa della pianificazione delle operazioni speciali per tutte le Forze speciali italiane. Dal 26 giugno 2016 il nuovo comandante operativo delle Forze speciali italiane è il Generale di Divisione Nicola Zanelli. Il COFS è un Comando proiettabile, validato dalla NATO quale Comando di Componente per le Operazioni Speciali nel quadro della NATO Response Force (NRF). Tale risultato è stato conseguito nel corso del 2008 dopo un lungo, articolato, oneroso e complesso percorso addestrativo che ha portato le nostre Forze Speciali a confrontarsi con procedure e tematiche NATO di estrema complessità.

I principali compiti delle forze speciali italiane sono:

- Azioni Dirette: sabotaggi, incursioni in ambienti controllati dal nemico e contro obiettivi strategici, ricerca e salvataggio di ostaggi in zone di guerra, eliminazione degli ostacoli e preparazione del territorio per l'invio delle forze convenzionali.
- Assistenza Militare.
- Ricognizioni speciali.
- Operazioni anti-terrorismo.
- Evacuazione di connazionali da paesi a rischio.
- Controproliferazione di materiale CNBR.

Nella dottrina italiana le Forze Speciali "FS - TIER 1" sono esclusivamente:

- Il 9° Reggimento d'assalto paracadutisti "Col Moschin" dell'Esercito Italiano, che rappresenta l'unità di maggiore consistenza organica nonché il naturale protagonista delle Operazioni Speciali che si sviluppano in ambiente terrestre.
- Il G.O.I., Gruppo Operativo Incursori del COM.SUB.IN., della Marina Militare, creato e strutturato, fin dalla sua nascita, per operare prevalentemente in ambiente marittimo.
- Il 17° Stormo Incursori dell'Aeronautica Militare, che, benché di recente costituzione, trae le proprie origini e tradizioni dagli ADRA, Arditi Distruttori Regia Aeronautica, del 2° conflitto mondiale.
- Il G.I.S., Gruppo di Intervento Speciale, dell'Arma dei Carabinieri, creato negli anni '70 per contrastare il terrorismo che affliggeva, in quel periodo, l'Italia.

Alle forze speciali del TIER 1 si affiancano le Forze per operazioni speciali "FOS - TIER 2" di supporto al combattimento che sono:

- Il 4° Reggimento Alpini Paracadutisti "Monte Cervino" dell'Esercito Italiano.
- Il 185° Reggimento Paracadutisti Ricognizione Acquisizione Obiettivi dell'Esercito Italiano.

Le forze per operazioni speciali sono composte esclusivamente da personale volontario altamente addestrato ed equipaggiato, sono delegati a compiti militari di sensibile valore strategico/tattico, di supporto a operazioni speciali, ad acquisizione degli obiettivi, a compiti di fanteria leggera a elevato rischio e ad azioni dirette. Il supporto operativo delle operazioni speciali presuppone la disponibilità di unità di volo dedicate ad ala fissa e rotante, nonché di specifiche risorse per il comando e controllo e per le comunicazioni e pertanto necessitano di Unità di Supporto Operativo "SOOS - TIER 2", che sono:

- Il 3° REOS Reggimento elicotteri per operazioni speciali "Aldebaran".
- 28° Reggimento Pavia dell'Esercito Italiano.
- 9° Stormo "Francesco Baracca" dell'Aeronautica Militare.

Oltre alle "Unità di Supporto Operativo" il COFS si può avvalere, nella pianificazione delle missioni delle Forze Speciali, anche dei reparti disponibili sul teatro operativo, scelti in base al grado di operatività o livello di addestramento dal cosiddetto TIER 3. Ecco che, ad esempio, per pianificare un'azione diretta delle forze speciali si possono inserire nella missione delle "Unità di coronamento" come, un plotone di Carabinieri del Tuscania, la Compagnia operazioni speciali Bafile del Reggimento San Marco o un plotone di esploratori anfibi dei Lagunari per gli ambienti operativi navali.

In mancanza anche parziale, in un teatro operativo, del TIER 2, si può attingere quindi dal terzo livello (o TIER 3).

Le unità di Coronamento per Operazioni Speciali italiane" COS - TIER 3", sono:

- Plotone esploratori paracadutisti 183° Reggimento paracadutisti "Nembo" dell'Esercito Italiano.
- Plotone esploratori paracadutisti 186° Reggimento paracadutisti "Folgore" dell'ìEsercito Italiano.
- Plotone esploratori paracadutisti 187° Reggimento paracadutisti "Folgore" dell'Esercito Italiano.
- Plotone esploratori anfibi del Reggimento Lagunari "Serenissima" dell'Esercito Italian.
- Compagnia operazioni speciali della Brigata Marina "San Marco" della Marina Militare.
- 1° Reggimento Carabinieri paracadutisti "Tuscania" dell'Arma dei Carabinieri.

Le Forze dell'ordine italiane hanno poi delle Unità speciali, sia a ordinamento militare sia civile, che non sono però forze speciali; infatti, gli operatori di queste unità non conseguono alcuna qualifica né di "operatore FOS" né, tanto meno, di "incursore", ma ricevono un addestramento la cui specificità è in stretta correlazione con i compiti assegnati alla singola unità e, in senso lato, al corpo o all'arma cui appartengono. Inoltre, solo alcune di queste unità speciali si occupano di operazioni di antiterrorismo e operano in precise situazioni, sia ad alto rischio sia non, che, tuttavia, richiedono una preparazione specifica che gli operatori delle forze dell'ordine convenzionali non posseggono. Queste unità sono dette speciali poiché rappresentano l'élite nell'ambito delle competenze specifiche del corpo a cui appartengono.

Queste unità speciali sono:

- N.O.C.S., Nucleo Operativo Centrale di Sicurezza della Polizia di Stato.
- R.O.S., Raggruppamento Operativo Speciale dell'Arma dei Carabinieri.
- AT.P.I., Antiterrorismo Pronto Impiego della Guardia di Finanza.
- G.O.M., Gruppo Operativo Mobile della Polizia penitenziaria.
- G.I.C.O., Gruppo Investigazione Criminalità Organizzata della Guardia di Finanza.

IX Reggimento paracadutisti "Col Moschin"

"Della Folgore l'impeto".
E' il motto nel nono reggimento paracadutisti d'assalto 'Col Moschin', reparto ad altissima specializzazione. Il 9° Reggimento d'assalto paracadutisti incursori "Col Moschin" (FS - TIER 1), comunemente chiamato "il nono", è l'unico reparto di Forze Speciali dell'Esercito Italiano, una unità ad altissima specializzazione, composta fin dalla ricostituzione del dopoguerra, da Ufficiali, Sottufficiali e Volontari in servizio permanente o in ferma breve/prefissata addestrati e selezionati mediante un iter formativo della durata di circa due anni; tale durata è ridotta a 5 mesi per i VFB (Volontari in Ferma Breve) e per i VFP4 (Volontari in Ferma Prolungata per 4 anni). Unico nel suo genere, il reggimento recluta personale attraverso selezioni fisiche condotte da appositi Nuclei presso le Scuole e i Reggimenti Addestramento Volontari. Il Reggimento "Col Moschin" è inquadrato nella Brigata Paracadutisti Folgore e tiene in custodia la bandiera del X Reggimento Arditi, del quale ha ereditato l'anno di costituzione (1918) e le mostrine (fiamme nere), riadottate nel 2006. Il Reggimento prende il nome dalla "collina Moschin", luogo ove, durante la Grande Guerra, gli Arditi furono protagonisti di uno dei più eccezionali esempi di coraggio del primo conflitto mondiale, difendendo strenuamente le proprie posizioni sotto gli incalzanti assalti dell' invasore austriaco. Dal 1995, nel quadro di ristrutturazione dell'Esercito Italiano, è passato da Battaglione a Reggimento. La base centrale del Reggimento è a Livorno presso la caserma "Vannucci". Esiste anche un centro di addestramento, denominato Base Addestramento Incursori (BAI) a Pisa, situato nel parco regionale di San Rossore (ex tenuta presidenziale) vicino alla foce del fiume Arno, che viene utilizzato per le attività anfibie e subacquee del reggimento. La Bandiera di Guerra è decorata di due Ordini Militari d'Italia, una Medaglia d'oro al Valore dell'Esercito, tre d'Argento al Valor Militare e una d'Argento al Valore dell'Esercito. La festa del reggimento cade, come per tutti i reggimenti paracadutisti, il 23 ottobre, anniversario della battaglia di El Alamein (1942).

L'addestramento si svolge anche attraverso varie esercitazioni in diverse parti del mondo, dall'Antartide all'America, rendendo così questi combattenti scelti capaci di operare in qualsiasi scenario. Il 9° Col Moschin, facendo parte delle unità Forze Speciali Italiane, è sotto il comando del CO.F.S. (Comando Interforze per le operazioni delle Forze Speciali). Il Comando Interforze per le operazioni delle Forze Speciali, in acronimo CO.F.S., è una struttura delle forze armate italiane alle dipendenze gerarchiche dirette dello Stato Maggiore della Difesa, che coordina e gestisce le Forze Speciali Italiane (TIER 1). Inoltre può essere richiesto ai rispettivi stati maggiori il temporaneo supporto delle Forze per operazioni speciali (TIER 2 e 3). Il COFS è stato istituito il 1° dicembre 2004, al comando del generale Marco Bartolini e ha sede presso l'aeroporto di Roma-Centocelle. È il comando interforze che si occupa della pianificazione delle operazioni speciali per tutte le Forze speciali italiane. Dall'11 ottobre 2011 il nuovo comandante operativo delle Forze speciali italiane è il generale di divisione dei paracadutisti Maurizio Fioravanti. Il COFS è un Comando proiettabile, validato dalla NATO quale Comando di componente per le operazioni speciali nel quadro della NATO Response Force (NRF). La componente operativa è costituita unicamente da Incursori, soldati cioè in grado di agire con ampi margini di autonomia operativa e logistica in condizioni di forte isolamento, in unità tattiche di ridotta entità numerica, in contesti non permissivi o ostili, e capaci di muoversi in qualunque ambiente, utilizzando tutti i mezzi, gli equipaggiamenti e i sistemi d'arma necessari all'assolvimento della missione ricevuta. I loro compiti sono di norma di pertinenza del livello strategico, risultano spesso assai delicati, tecnicamente difficili e politicamente sensibili: la loro esecuzione o il loro mancato assolvimento possono generare talvolta ripercussioni al più alto livello governativo. Missioni non convenzionali richiedono elementi del tutto particolari. Le Forze Speciali del Reggimento Col Moschin devono pertanto essere costituite da personale particolarmente selezionato, addestrato ed equipaggiato, in possesso di doti non comuni di resistenza, motivazione, equilibrio psico-fisico in condizioni di forte stress, intelligenza tattica, spirito d'iniziativa, adattabilità e flessibilità mentale. In estrema sintesi devono essere degli incursori. Il brevetto da incursore è comunque da intendersi solo quale condizione necessaria per essere inserito in unità tattiche responsabili dell'effettuazione di Operazioni Speciali. La capacità di effettuare Operazioni Speciali, infatti, non risiede nell'individuo o nel team ma è "spalmata" su tutti i livelli ordinativi del reggimento. Un'Operazione Speciale, oltre a non poter prescindere da chi materialmente la esegue, non potrebbe essere condotta senza l'indispensabile lavoro del personale appositamente addestrato, preparato, selezionato ed esperto, responsabile della pianificazione, coordinamento, sincronizzazione delle attività e della gestione delle contingenze, degli enblers, delle unità eventualmente concorrenti e delle ripercussioni che l'operazione stessa potrebbe causare. Il "prodotto finale" fornito, costituito dal giovane incursore, risulta pertanto completo, aggiornato e immediatamente impiegabile, con un'efficacia ed efficienza complessiva del processo formativo ben difficilmente raggiungibile qualora gli allievi transitassero per una struttura scolastica esterna al reparto d'impiego.

Lo Stemma

Scudo: Inquartato.
Nel primo di rosso al gladio romano d'argento; nel secondo d'azzurro al monte (Monte Pertica) al naturale; nel terzo d'azzurro al silfio d'oro reciso di Cirenaica; nel quarto d'azzurro alla fascia caricata da 5 verghette di rosso (3) e di azzurro (2).

Ornamenti esteriori: sullo scudo corona turrita d'oro, accompagnata sotto da nastri annodati nella corona, scendenti e svolazzanti in sbarra e in banda al lato dello scudo, rappresentativi delle ricompense al Valore.
Sotto lo scudo su lista bifida d'oro, svolazzante, con la concavità rivolta verso l'alto, il motto "Della folgore l'impeto".

Storia

Gli Incursori Paracadutisti del 9° Reggimento d'Assalto "Col Moschin" sono i fieri eredi della tradizione di audacia, patriottismo e onore di cui i commandos Arditi del Primo Conflitto Mondiale furono precursori. La storia del Reggimento inizia nella Grande Guerra (solo con il verificarsi della seconda guerra mondiale la Grande Guerra fu ribattezzata "prima guerra mondiale") con le unità di Arditi, tra cui il IX Reparto d'Assalto, utilizzate per sfondare le difese nemiche a premessa degli attacchi delle fanterie. Gli Arditi si imposero all'attenzione generale, guadagnandosi una fama terribile per la violenza delle loro azioni che si concludevano con lanci di bombe a mano e all'arma bianca nelle trincee nemiche. Il IX Reparto, in particolare, si distinse sul monte Grappa, dove fu protagonista della riconquista di alcune posizioni austriache sul Col Moschin (comune di Solagna), sul Col della Berretta e sull'Asolone (comune di Pove). Il coraggio degli uomini di questo reparto d'élite del Regio Esercito, i quali erano soliti dare l'assalto alle trincee nemiche percorrendo gli ultimi metri che li separavano da queste con un pugnale stretto fra i denti e le bombe alle mani, fu tale che lo stesso Gabriele D'Annunzio, da sempre affascinato dalle imprese militari audaci, vestì la divisa del reparto durante l'occupazione di Fiume del 1920 del quale fu ideatore e comandante. Un così vasto senso del dovere e coraggio non poté non lasciare una traccia indelebile in quella generazione di militari che, a distanza di alcuni anni dal termine della Seconda Guerra Mondiale, tenteranno di dare seguito alla tradizione di arditismo iniziata dai propri precursori. Il 20 luglio 1942 si costituisce a Santa Severa quello che successivamente diverrà il X Reggimento Arditi. Gli uomini di questo reparto indossano mostrine azzurre con fiamme azzurre sulla divisa e prendono ordini diretti dall'Ufficio Operazioni dello Stato Maggiore. Il neonato reparto si distingue in operazioni oltre le linee nemiche nei territori bellici del Nord Africa e della Sicilia liberata dagli Alleati. Venne, infatti, impiegato in operazioni dietro le linee nemiche in Tunisia, Algeria, e nella Sicilia liberata dagli Alleati, cessando di esistere l'8 settembre del 1943. Il I Battaglione dislocato in Sardegna, si riordina nel 1944 in IX Reparto d'Assalto e partecipa alla Guerra di Liberazione, inquadrato nel Gruppo di Combattimento "Legnano". Nel 1946 il IX Reparto d'Assalto viene smembrato. Nel 1952, ex ufficiali degli Arditi diedero segretamente il via alla ricostruzione di un reparto di combattenti specializzati in seno al Centro Militare di Paracadutismo ubicato presso Viterbo. Il nuovo elemento, inquadrato all'interno della 1ª Compagnia Paracadutisti, avrebbe visto la luce nel settembre dello stesso anno con il nome di Plotone Speciale. Costituito da paracadutisti, i quali venivano addestrati sulla falsariga dei reparti Arditi con la preparazione addizionale ai lanci in acqua e al nuoto, il Plotone era posto sotto il comando del Tenente Franco Falcone. Il trasferimento del Plotone presso la Scuola di Fanteria di Cesano, occorso il 20 aprile 1953, coinciderà con la promozione a Compagnia Sabotatori Paracadutisti, al comando del Capitano Edoardo Acconci, forte di due plotoni rispettivamente composti da paracadutisti di leva e Carabinieri. Un primo organico programma addestrativo per i futuri Sabotatori lo si avrà soltanto a partire dal 1954, unitamente all'individuazione di quelli che sarebbero stati i futuri compiti della Compagnia: operazioni di intelligence e sabotaggio in territorio ostile. L'iter addestrativo riservato gli aspiranti, vedeva l'acquisizione delle tecniche di sabotaggio, roccia, l'utilizzo degli sci, il combattimento corpo a corpo, la familiarizzazione con una vastissima gamma di armi e mezzi (carri armati compresi), la creazione di "ponti" radio e l' utilizzo delle relative "maglie", la cartografia, e, per gli elementi valutati maggiormente idonei sul piano psico-fisico, la padronanza di elementi relativi alle incursioni navali da apprendersi presso il GRUPP.ARD.IN. (oggi G.O.I.) del Varignano. Il 1° giugno 1957 vede il trasferimento dei Sabotatori presso Livorno e, successivamente, nella città di Pisa e il cambio di nomenclatura in Reparto Sabotatori Paracadutisti, venendo impegnato in esercitazioni volte a saggiare le capacità difensive delle patrie Forze Armate (ai Sabotatori era delegato il ruolo di forza nemica). Nel 1961 il reparto farà ritorno a Livorno ove verrà elevato al grado di Battaglione Sabotatori Paracadutisti, posto alle dipendenze della Brigata Paracadutisti Folgore e articolato su di un Plotone

Comando, una Compagnia Allievi e due Compagnie Operative. Nel 1964, ulteriore impulso verrà fornito alla dottrina operativa del Battaglione per mezzo della qualificazione di operatori in possesso di caratteristiche tali da renderli in grado di operare in qualsiasi teatro operativo; precedentemente si era, infatti, preferito specializzare gli uomini affidando a costoro solamente operazioni inserite nel proprio campo di competenza, ad esempio quello subacqueo o montano. Il 1966 vede il dispiegamento in Alto Adige di un reparto misto al comando di un ufficiale dell'Arma dei Carabinieri costituito da elementi delle forze dell'ordine e una quarantina di Sabotatori al fine di porre in essere la bonifica di zone sensibili dalla presenza di ordigni esplosivi. Nel corso di tali attività, protrattesi fino al 1970, troveranno la morte i Sabotatori Sotto Tenente Mario di Lecce e il Sergente Olivo Dordi i quali cadranno nell'esercizio del proprio dovere nell'attentato di Cima Vallone, il quale causerà inoltre il ferimento del Sergente Maggiore Sabotatore Marcello Fagnani. La sera del 4 novembre 1966, l' intero Battaglione è dispiegato nell'area di Pontedera al fine di porre in essere le operazioni di salvataggio della popolazione civile minacciata dallo straripamento dell' Arno. Il coraggio, il senso del dovere e il profondo spirito di abnegazione di tutti gli operatori contribuiranno al salvataggio di numerose vite umane. Idroambulanze dei Sabotatori intervengono sul luogo della sciagura aerea della Meloria, la quale vide la perdita di un Hercules C-130 e del suo equipaggio nonché di numerosi operatori della Brigata Folgore nella giornata del 18 novembre 1971; nel corso delle operazioni di recupero dei caduti perderà la vita il Sergente Maggiore Sabotatore Giannino Caria. Tra il 1972 e il 1974 ha luogo il primo cross-training con unità delle forze speciali statunitensi. Nello stesso periodo viene sviluppato il paracadute alare, adottato per primo al mondo proprio dalle unità Sabotatori dell'Esercito Italiano e tuttora largamente impiegato da numerose special forces. Nel 1975 i Sabotatori sono dispiegati sulla tratta ferroviaria Bologna-Arezzo al fine di arginare l'attività terroristica volta al sabotaggio della sicurezza nell'area in questione. La qualità dell'opera posta in essere dai due Gruppi Tattici costituitisi per l'occasione, è tale da far ben presto decadere la necessità dell'impiego di questi. Il 26 settembre 1975 assume la denominazione 9° Battaglione d'Assalto Paracadutisti "Col Moschin" e la qualifica di Sabotatore decade a favore di quella di Incursore. Nel 1995 il Battaglione è promosso a Reggimento.

La conquista del col Moschin - 16 giugno 1918

La Primavera del 1918 stava finendo e l'approssimarsi dell'Estate avrebbe portato con sé un ulteriore estremo tentativo da parte delle armate austroungariche di sfondare le difese italiane sul massiccio del Grappa per penetrare nelle valli del Brenta e del Piave e quindi aggirare lo schieramento italiano che correva lungo quest'ultimo fiume. Il piano delle operazioni austriaco prevedeva l'aggiramento della Cima Grappa, posta al centro del massiccio, puntando a sfondare alle estremità occidentale e orientale del massiccio, più vicine ai due fiumi. L'attacco sarebbe stato condotto dalla XI armata comandata dal generale Scheuschenstuel, rinforzata da altre truppe e da artiglieria. Alle ore 3.00 del 15 giugno incominciò un pesante bombardamento, subito seguito dalla risposta italiana che fu particolarmente efficace sul lato orientale dell'attacco austriaco, che ne risultò indebolito. Alle 8 del mattino cominciò l'assalto di fanteria e i maggiori successi, visti gli esiti della risposta dell'artiglieria italiana, si ebbero sul versante occidentale del massiccio. Le cime che costituivano i capisaldi lungo la riva del Brenta, caddero una dopo l'altra, comprese le fortificazioni che sorgevano sul Col Moschin, e le cime vicine: il Col del Miglio, il Col Fenilon e il Col Fagheron. Il dispositivo difensivo italiano era in gravissima crisi e in pratica gli austriaci avevano guadagnato l'accesso alla pianura veneta. La condizione necessaria per il successo era rinnovare l'attacco per sfondare definitivamente le linee italiane. Gli austriaci, però, avevano ormai speso tutte le risorse che avevano a disposizione e la reazione italiana anticipò quella dell'avversario. Un violento tiro di artiglieria si riversò immediatamente sulle posizioni appena conquistate dagli austriaci, tempestandone i difensori e soprattutto impedendo che fossero raggiunti da rincalzi. La controffensiva italiana fu affidata al IX reparto d'assalto comandato dal Maggiore Giovanni Messe, futuro Maresciallo d'Italia e soprattutto uno dei migliori generali italiani della Seconda guerra mondiale; già nel primo pomeriggio il IX reparto d'assalto, poco più di 600 uomini, allertato alle prime avvisaglie di attacco austriaco, aveva riconquistato il Col Fagheron, e alle 22.00 aveva ripreso anche il Col Fenilon, con il sostegno di due battaglioni del 91° reggimento di fanteria. Rimaneva solo la posizione più importante, il Col Moschin. Ernest Hemingway, che ebbe modo di seguire l'azione spacciandosi per corrispondente di guerra, così rievoca le parole di Messe ai suoi uomini: «E' molto semplice - disse il maggiore al battaglione con voce chiara e un po' blesa. - Dobbiamo cacciarli indietro. Su per la valle e oltre la cresta. E' molto semplice, bisogna cacciarli indietro. Siamo gli arditi. - E la sua voce si alzò a tono di comando - «Battaglione, Savoia!». Al grido di «Messe! Messe! A noi!» gli arditi si gettarono all'assalto «con inaudita ferocia e aggressività», scagliandosi sulle linee degli ungheresi del 67° e 85° Honvéd, che terrorizzati furono bloccati nelle caverne del Fagheron. L'artiglieria eseguirà un tiro di repressione fino alle 07:00, ora quando all'allungamento del tiro dovrà corrispondere lo scatto degli Arditi. Alle 6.00 del 16 giugno le "Fiamme Nere", dai rovesci del Fenilon, raggiungono la rotabile sottostante che guarda la Valsugana e si portano sulla selletta di Col Moschin. All'ora prefissata e ancora sotto il tiro dell'artiglieria volano verso la conquista del colle. Ancora una volta al loro grido di guerra "Messe! Messe!" ingaggiano una breve e cruenta lotta a colpi di pugnale e bombe a mano e in soli 10 minuti raggiungono la quota distruggendo e annientando ogni resistenza nemica. La preda fu magnifica: 27 ufficiali, 250 uomini di truppa, 17 mitragliatori, un camioncino da trincea, 2 batterie da montagna e una colonna di 20 muli con tutto il loro munizionamento oltre a numeroso materiale bellico di ogni specie. In 24 ore l'attacco austriaco era stato sconfitto, e a celebrazione dell'episodio, la città di Roma edificò un monumento sul Col Moschin con un'antica colonna romana.

Vale la pena riportare l'azione così come descritta da Hemingway: *«E il battaglione avanzò. Non dietro uno sbarramento, non in ordine regolare, non a passo cadenzato, ma urlando, bestemmiando, correndo, urtandosi, spingendosi per essere primi all'urto».*

Il successo del IX era stato totale e le sue perdite lievi, perché l'attacco era avvenuto nelle migliori condizioni possibili: un nemico stanco e tartassato dall'artiglieria era stato colpito con decisione da un reparto motivato e addestrato. Pochi giorni dopo, il 24 giugno, il IX venne impiegato per riconquistare un altro caposaldo occupato dagli austriaci sull'Asolone. Il tiro preparatorio di artiglieria fu molto meno efficace di quello che aveva fiaccato gli avversari una settimana prima, e la conquista dell'Asolone costò al IX un enorme contributo di sangue e fu solo temporanea, perché un contrattacco avversario ebbe la meglio sulle sue forze esauste. In poche ore il IX perse quasi il 50% degli effettivi, 19 ufficiali e 305 arditi, dimostrando che gli alti comandi italiani non avevano ancora capito come sfruttare al meglio le indubbie capacità combattive dei reparti di assalto.

Operatività

Nell'ambito operativo del Col Moschin rientrano attività quali:
- Sabotaggi.
- Incursioni.
- La presa di obiettivi sensibili in territorio nemico.
- La cattura di personalità nemiche di spicco.
- Il salvataggio di ostaggi di guerra.
- Il Combat S.A.R. (Search And Rescue) volto alla ricerca e al recupero di personale militare disperso in territorio ove elevata venga a essere la presenza di forze ostili.
- Operazioni N.E.O. (Non-combatant Evacuation Operation) riguardanti il salvataggio di personale civile in zona di guerra; da ricordarsi in tale frangente l'operazione congiunta con il G.O.I. del COM.SUB.IN. posta in essere in Ruanda nel maggio 1994.
- La ricognizione a lungo raggio in zona operazioni onde porre in essere l' individuazione di potenziali bersagli per il tiro aereo, o d' artiglieria, e la verifica degli eventuali danni da questi subiti operazioni HUM.INT. (Human Intelligence) per l'acquisizione delle più svariate informazioni e compiti di antiterrorismo interno.

A tali incarichi vanno ad aggiungersi quelli relativi alla F.I.D. (Foreign Internal Defence), volti all'addestramento e alla qualifica di personale militare e di polizia dei Paesi alleati: istruttori del Training Mobile Team del 9° Reggimento Col Moschin distaccati presso la Missione Italiana di Assistenza Tecnico-Militare (M.I.A.T.M.) in Malta hanno personalmente curato l'addestramento di reparti d'élite della Armed Forces of Malta, quali gli incursori del Rapid Deployment Team e gli operatori della C (Special Duties) Company, conseguendo risultati eccellenti.

Operazioni note

Il reparto è stato protagonista di numerose operazioni militari e antiterroristiche in tutto il mondo, ed è l'unico ad aver partecipato a tutte le missione all'estero dell'Esercito Italiano dal dopoguerra a oggi. In particolare, nel decennio che va dal 1985 al 1995, gli "incursori" sono stati protagonisti di famosissime e delicate operazioni antiterroristiche, nonché di combattimenti veri e propri in scenari di guerra.

Italcon Libano 2

Il 15 marzo 1983 alle 21.00 una pattuglia del battaglione San Marco cade in un'imboscata nei pressi del campo di Sabra, in Libano e quattro marò rimangono feriti, uno grave. Di notte il generale Franco Angioni comandante di Italcon, decide di uscire con gli incursori per intercettare gli assalitori che non hanno ancora potuto lasciare la zona, li trovano, inizia un violento scontro a fuoco, ma i libanesi hanno armamento più pesante e armi anticarro, tre incursori rimangono feriti, a uno la notte stessa verrà amputata la gamba, e si decide di sospendere l'azione. Il giorno dopo via radio gli italiani ricevono un messaggio dagli israeliani: "Comunicate al vostro comandante che siamo ammirati, perché in medio oriente nessuno combatte di notte coi cecchini appostati!" Due giorni dopo il sottocapo Filippo Montesi di 20 anni, ferito nell'imboscata, viene trasferito in Italia per essere operato all'ospedale militare del Celio, ma muore durante l'operazione.

Achille Lauro

Lunedì 7 ottobre 1985, il giorno del sequestro dell'Achille Lauro, avvenuto alle ore 13:15, già in tarda serata 60 incursori del Col Moschin arrivarono alla base militare di Akrotiri, nell'isola di Cipro, messa a disposizione dal governo britannico, pronti a intervenire seguendo un piano sviluppato insieme all'UNIS del COMSUBIN, presenti in fase di pianificazione. I sessanta operatori avrebbero dovuto effettuare una "saturazione a macchia d'olio" e lo sgombero degli ostaggi, mentre gli operatori UNIS del COMSUBIN avrebbero effettuato l'irruzione iniziale. I fatti andarono diversamente e prevalse la linea diplomatica.

Somalia

Il 13 dicembre 1992, scattata l'operazione Restore Hope in Somalia, un C-130 Hercules della 46ª Aerobrigata arrivò a Mogadiscio con una squadra di Incursori del 9° Reggimento "Col Moschin". Gli operatori occuparono il palazzo dell'ambasciata italiana, lasciata abbandonata dopo lo scoppio della guerra civile nel 1991. Il 5 giugno 1993, alle 09:30 un flash del corrispondente dell'agenzia di stampa ANSA Remigio Benni, unico giornalista presente a Mogadiscio, parla di "situazione drammatica, disordini e sparatorie". Un reparto di caschi blu pakistani cade in un'imboscata dei miliziani somali di Mohammed Farah Aidid nei pressi di Radio Mogadiscio: 24 soldati sono massacrati a colpi di Kalashnikov e di mitragliatrice. L'intervento di circa 20 incursori, guidati dal tenente colonnello Marco Bertolini, evitò una strage di proporzioni ancora maggiori. Le forze speciali italiane combattendo corpo a corpo, portarono in salvo circa 80 pakistani delle forze ONU. Quattro settimane dopo, il 2 luglio 1993, avvenne la Battaglia del pastificio. Un gruppo di intervento italiano, composto da paracadutisti della Folgore, cavalleria corazzata e fanteria, riuscì a salvare molti militari italiani rimasti intrappolati in un'imboscata congegnata dai miliziani somali, subendo però gravi perdite: 3 morti e 26 feriti. Tra i morti uno degli incursori, il sergente maggiore Stefano Paolicchi, 30 anni, colpito sul lato destro della milza, nell'unica parte non protetta dal giubbetto antiproiettile. Per il suo contributo all'azione verrà decorato con la medaglia d'oro al valor militare (alla memoria).

Ruanda

Nel 1994, in Ruanda, gli Incursori ebbero il compito di evacuare i civili italiani dalla terra africana martoriata dalla guerra.

L'operazione, detta Operazione Ippocampo, si concluse il 19 novembre con il recupero dei connazionali. A seguito degli scontri tribali che hanno distrutto il paese centrafricano, il "Col Moschin" tornò a più riprese in Ruanda, portando in salvo molti connazionali ed evacuando numerosi bambini locali. Nel corso delle operazioni, perse la vita il sergente maggiore Marco Di Sarra (già decorato di Medaglia di Bronzo al Valore dell'Esercito per il suo comportamento in Somalia durante l'operazione IBIS) colpito da una forma grave di malaria. L'Italia per consentire l'evacuazione dei suoi connazionali inviò un distaccamento composto da operatori del "Col Moschin" e da incursori del COMSUBIN trasportati da velivoli dell'Aeronautica Militare. Giunti a Kigali, la capitale, il gruppo iniziò la sua attività in un clima di tragedia muovendosi tra corpi lasciati agli angoli delle strade; occorse recuperare persone a vari chilometri dall'aeroporto e il distaccamento non aveva potuto portare mezzi di trasporto con sé; contattati, gli altri contingenti non resero disponibili alcun mezzo, così gli operatori decisero di requisire dei pick up civili all'aeroporto e, dopo aver smontato le portiere e averli adattati alle loro esigenze, si diressero verso i luoghi dove rimanevano civili da recuperare. Muovendosi sempre con le armi pronte, gli operatori riuscirono a evacuare tutti, affrontando anche molte resistenze.

Afghanistan

Nel settembre 2007 il Reggimento ha partecipato, insieme all'SBS britannico, a un blitz per liberare due agenti del servizio di sicurezza italiano, l'AISE, rapiti pochi giorni prima nella provincia di Farah, nell'ovest dell'Afghanistan. Gli Incursori italiani fornirono la copertura di sicurezza, mentre l'assalto finale fu effettuato dai soldati britannici dotati di appositi mezzi a trazione integrale. L'operazione non ha avuto possibilità di pianificazione, poiché i terroristi hanno improvvisamente cercato di trasferire i prigionieri e gli incursori sono dovuti intervenire immediatamente. Nella battaglia che ne è seguita, i due agenti dell'AISE sono rimasti gravemente feriti, forse da fuoco amico, e uno dei due è morto alcuni giorni dopo.

Gladio e Gladio 2

Va ricordato anche il coinvolgimento nelle presunte strutture Gladio e Gladio 2. Sull'esistenza Gladio 2 cercò invano di indagare, nel 1995, il giudice di Venezia Carlo Mastelloni. Mastelloni cercò di indagare sull'esistenza di un'organizzazione paramilitare denominata appunto Gladio 2, composta da operatori delle forze speciali italiane. Ma il suo lavoro fu interrotto quando chiese la declassificazione di quattro documenti riguardanti i piani addestrativi del Col Moschin. I documenti, tutti coperti dal massimo della segretezza, furono a lui negati da parte del comandante del reparto. Intervenne allora il Presidente del Consiglio, Carlo Azeglio Ciampi, facendo pervenire la richiesta agli alti comandi della NATO. Inutilmente, nella richiesta, il magistrato aveva sottolineato di procedere in un'inchiesta per strage sulla quale non è opponibile il vincolo del segreto. L'allora segretario generale della NATO Willy Claes rispondeva che sui documenti richiesti vigeva il massimo della segretezza dell'Alleanza Atlantica, e la faccenda morì lì.

Bosnia

Il 9° Reggimento è stata la prima unità italiana a mettere piede in Bosnia nel quadro del Contingente italiano nell'operazione Joint Guard della NATO, durante il rigido dicembre 1995.
Dall'inizio della missione gli Incursori sono stati sempre presenti nell'Area Operativa, per lo svolgimento di compiti di particolare delicatezza. Sempre in condizioni di spiccato isolamento e di forte inserimento nella realtà sociale locale. Le unità del reggimento operano con carattere di continuità del settore nazionale, soprattutto nelle aree più delicate come gli abitati di Pale e Gorazde. L'operazione in Bosnia rappresenta un impareggiabile banco di prova per il reparto, per la prima volta nella sua storia impiegato con carattere di profonda integrazione nel contesto NATO. In particolare, gli incursori oltre a operare sul terreno, vengono impiegati nei Comandi a diretto contatto con le altre Forze Speciali alleate, quali quelle francesi, britanniche e statunitensi, affrontando costantemente le sfide

rappresentate dall'adozione di procedure operative molto più complesse di quelle nazionali, se non altro per l'ineliminabile barriera linguistica. In questi anni di operazione, gli Incursori sono divenuti profondi conoscitori del Paese e della mentalità delle popolazioni locali. In ripetute e delicate situazioni di crisi, come l'abbandono di Grbavica (Sarajevo) da parte della popolazione serbo-bosniaca, nell'inverno del 1995, gli operatori del 9° hanno messo in luce elevati livelli di professionalità, non disgiunti da uno spiccato buon senso e da una forte carica umana che li hanno fatti unanimemente apprezzare dalla popolazione. Gli Incursori, grazie alla loro prolungata permanenza in Teatro d'Operazione, si propongono quale prezioso elemento di continuità in un contesto caratterizzato da Comandi di Contingente in continua rotazione e si sanno proporre quali "risolutori di problemi" efficientissimi. Con questi presupposti, gli uomini del 9°, vengono impiegati, insieme a tutti gli altri reparti di Special Forces presenti in Bosnia, come team JCO (Joint Commission Observer). Il 9 luglio 2004 la Risoluzione 1551 delle Nazioni Unite autorizza la prosecuzione di SFOR per ulteriori sei mesi e accoglie la decisione della NATO di concludere SFOR entro la fine del 2004. Toccherà all'UE avviare in Bosnia, da dicembre 2004, una missione comprensiva anche di una componente militare.

Albania

Una delle più recenti missioni di pace che ha visto coinvolto l'Esercito è stata la breve missione "Alba", la prima forma di intervento multinazionale (con Francia, Turchia, Grecia, Spagna, Romania, Austria e Danimarca) promossa e guidata dall'Italia. Gli uomini del 9°, partono la notte del 13 marzo per portare a casa civili italiani e civili occidentali. Fu impiagato personale appena rientrato in Patria dalla concomitante missione in Bosnia, questo a dimostrazione della dedizione e devozione alla professionalità degli Operatori del 9°. Da quel giorno fino alla data di inizio missione, i distaccamenti, a bordo di elicotteri CH-47, facevano la spola da Brindisi a Durazzo, riportando in patria civili italiani e tutti i disperati che volevano scappare dall'inferno dell'Albania. Durante una di queste missioni, un elicottero fu preso d'assalto dalla gente col risultato che tornò a casa con 147 persone a bordo. L'elicottero fu messo fuori servizio. La missione ufficiale, sollecitata dall'OSCE e dall'ONU e approvata il 9 aprile 1997 dal Parlamento malgrado il voto contrario di una parte della maggioranza di Governo, si è svolta dal 13 aprile al 12 agosto, ufficialmente per consentire la distribuzione di aiuti umanitari ma in realtà per impedire la guerra civile e consentire di avviare a soluzione la crisi politica albanese. La presenza dei militari ha consentito di raffreddare la situazione albanese, degenerata all'inizio del 1997 principalmente a causa del fallimento di società di investimento che avevano di fatto bruciato i risparmi di molti cittadini. I Distaccamenti Operativi erano di stanza a Tirana, ma venivano impiegati su tutto il territorio albanese. Tutte le altre truppe erano oltre che a Tirana, Durazzo, Valona e Fier. In quell'anno il 28 marzo 1997 la Sibilla fece affondare la Kater I Rades, dove morirono almeno 108 persone; il 9° dovette affrontare più di una volta questo scheletro con i parenti delle vittime, uscendone sempre a testa alta e con diplomazia, anche grazie all'allora comandante del reparto Col. Nardi. Non c'era Operatore del Reparto che non avesse girato tutto il paese e conosciuto ogni angolo più remoto. La missione finì ad agosto, anche se il reparto lasciò la terra albanese qualche tempo dopo per garantire l'evacuazione dei reparti partecipanti alla missione.

Kosovo

La forza di intervento che a seguito della campagna aerea è entrata e si è dislocata in Kosovo è denominata Kosovo FORce (KFOR). L'Italia partecipa alla Forza sotto comando NATO con una Brigata Multinazionale insieme a Spagna, Portogallo e Argentina. La Missione Internazionale a guida NATO è stata autorizzata dalla Risoluzione n. 1244 del Consiglio di Sicurezza delle Nazioni Unite il 10 giugno 1999. La forza della Missione è di circa 36.000 uomini suddivisi fra le seguenti nazioni: Argentina Austria, Belgio, Bulgaria, Canada, Repubblica Ceca, Danimarca, Finlandia, Francia, Germania, Grecia, Ungheria, Islanda, Irlanda, Olanda, Norvegia, Polonia, Portogallo, Romania, Slovenia, Spagna, Svezia, Turchia, Ucraina, Regno

Unito e Stati Uniti d'America. Nel quadro del riordino delle unità multinazionali dislocate nei Balcani la Brigata Multinazionale Ovest a guida italiana e la Brigata Multinazionale Sud a guida tedesca sono state unificate dal 12 novembre 2002. Il Comando dell'Unità è dislocato a Prizren, e il comando è alternativamente assegnato, a turno annuale, alle due Nazioni, a iniziare dalla Germania. Nel "Teatro", un secondo comando gestisce i collegamenti terrestri fra il Kosovo e l'Albania e risponde al nome di NATO Head Quarters Tirana (NHQT). Il Contingente Italiano, garantisce la sicurezza e la libera circolazione a tutte le componenti etniche e religiose e alle organizzazioni internazionali presenti nell'area di responsabilità. Per tutta la durata della missione, i distaccamenti del reparto, hanno dovuto far fronte anche ad altre controversie che si sono create a causa di qualche burocrate che non comprendeva di essere in zona di operazione, ma pensava che tutti gli uomini fossero a casa. Una delle ragioni perché questi uomini continuano a fare questo lavoro, è anche il fatto che vivono sempre nell'anonimato e a volte si trovano a fare i conti con altri reparti che non capiscono questa cosa. Durante la Kfor, spesso le controversie arrivavano proprio da reparti della stessa patria, ma con informazioni sempre più vaghe. Non tutti sanno che prima di ogni reparto e prima di ogni missione, gli uomini del Col Moschin, arrivano sempre per primi per fare in modo che tutti i reparti arrivano in piena sicurezza.

Timor Est

La missione a Timor Est è stata una delle N.E.O. alla quale gli uomini del Col Moschin hanno partecipato anche in passato. Sotto il comando del Colonnello Sblendorio, un distaccamento del reparto viene catapultato dall'altra parte del Globo per "esfiltrare" dei cittadini esteri dal paese sconvolto dalla guerra civile, dovendo procedere letteralmente fra i cumuli delle persone massacrate a colpi di arma bianca. Ma in quella occasione ci si era mossi sempre su veicoli. Durante i sei mesi di permanenza, non sono mancate le occasioni per addestrarsi, in un contesto del tutto nuovo, accumulando notevoli esperienze che, una volta tornati in Patria, vengono tradotte in corpose relazioni che dovrebbero essere molto utili per qualcuna delle prossime missioni e per l'adozione di nuovi equipaggiamenti.

Come nelle altre occasioni, la professionalità degli operatori ha fatto in modo di accrescere il proprio bagaglio professionale, grazie anche agli scenari del tutto nuovi del territorio di Timor. Dalle strade sterrate alla giungla, che spesso comportava un rastrellamento a piedi per impraticabilità con i mezzi ruotati. Anche questa volta gli Incursori del 9° hanno portato a termine la missione. Nell'occasione si vuole anche ricordare che, come era facilmente prevedibile, alcuni dei reduci dalla missione hanno avuto dei problemi di salute (in particolare per le febbri giapponesi, per le quali non esiste profilassi o vaccino) che per alcuni si sono prolungate per diversi mesi. Un prezzo pesante che non bisogna dimenticare.

Iraq

Giovedì 19 agosto 2004 Nassiriyah.

Un distaccamento del Col Moschin composto da quattro VM90 e da una autovettura da ricognizione, in pattugliamento nella zona nord di Nassiriyah, è stato fatto oggetto del fuoco di terroristi armati di RPG e altre armi da fuoco. I nostri militi hanno immediatamente risposto al fuoco e richiesto il supporto aereo ravvicinato di un elicottero HH3F dell'Aeronautica Militare. L'apparecchio, decollato dalla base di Talil, ha individuato le posizioni dei terroristi, le quali sono state spazzate con armi di bordo, consentendo agli incursori di rompere il contatto. L'elicottero ha successivamente scortato la pattuglia fino al proprio campo base. Nessun militare è rimasto ferito, l'apparecchio ha subito lievi danni a causa di alcuni colpi di AK esplosi al suo indirizzo.

Costa d'Avorio

Mercoledì 10 novembre 2004 dall'aeroporto militare di Pisa gli incursori del Col Moschin e del COMSUBIN decollano a bordo del primo C130J dell'Aeronautica Militare predisposto dal Ministero degli Esteri, onde evacuare i nostri connazionali in Costa d'Avorio. Il velivolo atterrerà presso l'aeroporto di

Abidjan, dove resterà in stand-by, in attesa che gli incursori effettuino l'evacuazione dei cittadini italiani, dal Paese sconvolto dalla guerra civile. L'apparecchio si muoverà successivamente alla volta di Accra, dove i civili saranno imbarcati a bordo di velivoli commerciali diretti verso l'Italia.

Con i cittadini italiani vi saranno anche diversi stranieri, i cui governi si sono rivolti al Ministero degli Esteri italiano, per l'evacuazione. Una nuova attestazione di stima verso gli uomini delle nostre forze per operazioni speciali, i quali erano già stati attivati per una operazione N.E.O. (Non-combatant Evacuation Operation) nel maggio 1994 in Ruanda, ponendo in salvo numerosi civili europei.

Kurdistan

Il Governo italiano aderì all'operazione "Provide Comfort", scattata al termine della guerra nel Golfo per garantire sicurezza alle popolazioni curde che vivono all'interno dell'Iraq, inviando il 2 maggio 1991 un consistente contingente militare nel nord del Paese. Dalle varie forze componenti la spedizione italiana faceva parte, tra le altre, una Compagnia di Incursori paracadutisti "Col Moschin". Anche in questa operazione, il comando della componente operativa del contingente fu assegnata a un Ufficiale proveniente del 9°, il Generale Monticone, mentre l'operazione nel suo complesso era sotto comando del Generale paracadutisti Buscemi. Il contingente italiano aveva il compito di controllare un territorio ampio di circa 1.400 Kmq in condizioni spesso critiche a causa della tensione esistente tra le varie fazioni locali. Al termine dell'operazione, il 17 luglio 1991, l'impiego militare italiano continuò con circa 150 uomini, quasi tutti incursori paracadutisti del "Col Moschin", in territorio turco, allo scopo di costituire un elemento deterrente contro eventuali rappresaglie irakene. Questa ulteriore missione ebbe termine il 9 Ottobre del 1991.

Organizzazione del Reggimento

Il Reparto Addestramento Forze Speciali è una struttura di livello battaglione posta alle dipendenze del Comandante di reggimento, accanto al 1° Battaglione Incursori (componente operativa) e alle Compagnie Comando e Supporto Logistico e Trasmissioni. Ospitato nella caserma Vannucci di Livorno, è costituito da un Comando, comprensivo di Sezione Istruttori e Nucleo Maggiorità, e da due unità di livello compagnia: la 101° Compagnia Allievi, formata da un Comando e vari Plotoni Allievi (in relazione ai corsi in essere nello specifico momento) e la BAI, o Base Addestramento Incursori, una struttura addestrativa e di isolamento munita di darsena situata alla foce del fiume Arno, all'interno dell'ex Tenuta Presidenziale di San Rossore, ora Parco regionale, organicamente composta da Plotone Comando e Plotone Anfibio. Il compito primario della Compagnia Allievi consiste nella selezione e formazione del personale destinato ad alimentare la componente operativa del Reggimento "Col Moschin", provvedendo altresì a incrementare la preparazione degli incursori in specifici settori con appositi corsi avanzati di specializzazione. I compiti secondari includono prima di tutto la selezione e qualificazione OBOS – Operatore Basico per Operazioni Speciali – anche per il personale destinato alle componenti operative del 4° Reggimento Alpini Paracadutisti, del 185° Reggimento Ricognizione Acquisizione Obiettivi e del REOS, Reparto Elicotteri per Operazioni Speciali. A questo si aggiungono corsi e addestramenti specialistici a favore di altri reparti dell'Esercito, sia in sede, come avviene con i corsi anfibi di due settimane per Ranger e Acquisitori, sia con l'invio a domicilio di team di istruttori, come accade per i corsi per l'ottenimento della qualifica di "operatore scorta e tutela" per il personale designato a fornire il Close Protection Team ai Comandanti delle Brigate di previsto invio in teatro operativo o per la verifica e gli esami finali della formazione degli Esploratori dei reggimenti paracadutisti. Specifici corsi di specializzazione sono poi svolti a favore di elementi del 17° Stormo Incursori dell'Aeronautica, che frequentano al RAFoS soprattutto il Corso di Combattimento

Avanzato per Forze Speciali, e del GIS dei Carabinieri, essenzialmente sull'impiego delle sofisticate apparecchiature radio VHF, HF e satellitari in dotazione alle nostre Forze Speciali. Addestramenti "ad hoc" molto apprezzati sono poi tenuti a beneficio di personale civile di previsto invio in Paesi a rischio (Istituto Superiore S. Anna), o per i giornalisti inviati nei teatri operativi. Per loro è approntato un modulo formativo CAC - Conduct After Capture - incentrato sulle tecniche da adottarsi in cattività per migliorare le probabilità di sopravvivenza. Per i dipendenti del Ministero degli Affari Esteri destinati a sedi pericolose l'addestramento è più ampio e completo, secondo l'acronimo HEAT (Hostile Environment Awareness Training), e include, oltre agli ammaestramenti del modulo precedente, specifiche istruzioni sul comportamento da tenere sul campo, che spaziano da come interfacciarsi con la popolazione locale all'impiego di radio e telefoni satellitari, dalla guida di un fuoristrada a elementi di pronto soccorso. Di grande rilievo la decisione dell'ESA, l'Ente Spaziale Europeo, di affidare al 9° Reggimento, fra tutti i reparti speciali della Nato, la formazione di alcuni dei propri astronauti a premessa delle missioni spaziali, al fine di incrementare le loro capacità di sopravvivenza in caso di atterraggio in territori ostili.

Il modulo appositamente predisposto dura una settimana, si svolge in Sardegna e comprende prove di marcia, resistenza, superamento ostacoli e sopravvivenza, sia a terra che in mare. Il RAFoS organizza direttamente in proprio le attività formative previste, sulla base degli obiettivi addestrativi stabiliti dal Comandante di Reggimento e che si concretizzano nello sviluppo di una programmazione annuale, che vede la redazione delle "Course Specification" (COURSPEC), la compilazione dei piani di lezione e delle relative schede impianto corsi. Inoltre il reparto stabilisce quali siano i requisiti minimi per l'idoneità nei vari moduli, a garanzia di un prodotto finale aderente alle aspettative della componente operativa. La varietà, la complessità e la delicatezza dei compiti del RAFoS rendono di estrema importanza la scelta e la formazione degli istruttori a esso destinati. A questo incarico sono di norma avviati, per periodi di 3-4 anni, incursori della componente operativa maturi e sperimentati, ma fisicamente ancora validi e in possesso di una consolidata capacità didattica nel settore delle Operazioni Speciali, magari maturata sul campo nelle missioni internazionali, nelle varie situazioni di mentoring, advising, training e partnering in cui sono coinvolti i nostri operatori speciali. I nuovi istruttori svolgono un appropriato periodo di affiancamento a colleghi esperti, che consente loro di assimilare, in modo graduale, il metodo didattico, maturato in decenni di esperienze accumulate durante gli impegni operativi e addestramenti complessi, che talvolta hanno richiesto un tributo di sangue. Viene inoltre approfondita l'organizzazione generale delle attività (poligoni, attività continuative, esercitazioni, esami, tirocini), a garanzia dell'efficacia e dell'efficienza del sistema formativo. Le capacità degli istruttori sono ulteriormente perfezionate attraverso la frequenza di corsi svolti presso il NATO SOF Headquarters – NSHQ di Mons, nel Belgio, il supremo Comando Alleato per le Operazioni Speciali che mira, tra l'altro, alla standardizzazione delle procedure nella comunità delle Forze Speciali. La continuità e l'osmosi esistenti all'interno del reggimento Col Moschin tra la componente operativa e quella scolastica fanno inoltre sì che gli incursori che rientrano da esperienze in Teatro Operativo o da corsi ad alta valenza o dai contenuti innovativi, trascorrano un periodo al RAFoS, per travasare le esperienze acquisite e le nozioni conseguite agli istruttori della componente formativa, assicurando in tal modo la completa aderenza tra le procedure insegnate e quelle effettivamente impiegate sul campo. Si garantisce così che il prodotto dell'iter formativo abbia le capacità richieste ai Distaccamenti Incursori negli attuali profili di missione. Anche per queste ragioni si conferma l'estrema validità del "ciclo virtuoso di impiego" che da qualche anno consente ad alcuni incursori della componente operativa del reggimento di venire reimpiegati per circa 3 anni presso il NATO SOF Headquarter in Belgio o presso la ISTC di Pfullendorf in Germania in qualita' di uomini di staff o di istruttori e di tornare poi nella componente addestrativa del 9° reggimento riversando il know how acquisito durante le importanti e spesso uniche esperienze maturate. Inoltre l'approccio "bottom up" alla risoluzione dei problemi organizzativi consente ad ogni incursore di avanzare idee e proposte che, se giudicate idonee a soddisfare particolari esigenze operative o ad ottimizzare il processo formativo, possono trasformarsi in concrete ipotesi di lavoro per far acquisire nuove capacità agli operatori. I moduli e i corsi proposti nell'iter formativo non sono, infatti, statici ma si evolvono e si adeguano costantemente in funzione degli scenari di impiego, delle procedure, delle esperienze maturate, delle armi, dei materiali e degli equipaggiamenti disponibili, per aderire il più possibile alle esigenze dell'operatore Incursore. Dimensione: il numero esatto è segreto militare.

- Comando di Reggimento
  - Compagnia Comando e Supporto Logistico
  - Compagnia Trasmissioni
  - 1° Battaglione Incursori, composto da 4 Compagnie operative (si presume disponga di circa 300-350 incursori):
    - ➢ 110ª Compagnia Incursori
    - ➢ 120ª Compagnia Incursori
    - ➢ 130ª Compagnia Incursori
    - ➢ 140ª Compagnia Incursori
  - Reparto Addestramento Forze per Operazioni Speciali (RAFOS)
    - ➢ 101ª Compagnia Allievi: è dedicata ai soli allievi aspiranti incursori per proseguire l'iter specifico. Il compito primario della Compagnia Allievi consiste nella selezione e formazione del personale destinato ad alimentare la componente operativa del Reggimento "Col Moschin", provvedendo altresì a incrementare la preparazione degli incursori in specifici settori con appositi corsi avanzati di specializzazione.
    - ➢ 102ª Compagnia Allievi: è dedicata alla propaganda, selezione, tirocinio e OBOS (Operatore Basico per Operazioni Speciali), quindi tutta la parte comune tra 9°, 4°, 185° e REOS. A questo si aggiungono corsi e addestramenti specialistici a favore di altri reparti dell'Esercito, sia in sede, come avviene con i corsi anfibi di due

settimane per Ranger e Acquisitori, sia con l'invio
a domicilio di team di istruttori, come accade per i
corsi per l'ottenimento della qualifica di "operatore
scorta e tutela" per il personale designato a fornire
il Close Protection Team ai Comandanti delle
Brigate di previsto invio in teatro operativo o per la
verifica e gli esami finali della formazione degli
Esploratori dei reggimenti paracadutisti.

> Base Addestramento Incursori.

Di grande rilievo la decisione dell'ESA, l'Ente Spaziale
Europeo, di affidare al 9° Reggimento, fra tutti i reparti speciali
della Nato, la formazione di alcuni dei propri astronauti a
premessa delle missioni spaziali, al fine di incrementare le loro
capacità di sopravvivenza in caso di atterraggio in territori ostili.
Il modulo appositamente predisposto dura una settimana, si
svolge in Sardegna e comprende prove di marcia, resistenza,
superamento ostacoli e sopravvivenza, sia a terra sia in mare.

Selezione

L'alimentazione del 9° Reggimento proviene dal reclutamento ordinario e da quello straordinario. In quello ordinario, che costituisce la fonte principale, i requisiti per l'ammissione all'iter e i limiti di età sono dettati dai singoli bandi di concorso delle relative categorie: VFP4, Sergenti, Marescialli e Ufficiali Subalterni, e risultano gli stessi per aspiranti incursori, ranger, acquisitori obiettivi ed equipaggi del REOS. Tra i requisiti essenziali figurano, oltre ovviamente al gradimento allo specifico impiego, non aver riportato condanne per delitti non colposi o essere stati sottoposti a misure di prevenzione, non aver ricevuto sanzioni disciplinari di stato, possedere un alto profilo sanitario, aver riportato una valutazione caratteristica non inferiore a "superiore alla media" negli ultimi due anni, non aver frequentato in precedenza corsi OBOS con esito negativo (tranne che per motivi di salute) e non essere stati soggetti a revoca del brevetto di paracadutista militare. Gli aspiranti debbono inoltre impegnarsi ad assicurare, in caso di conclusione positiva del lungo iter formativo, una permanenza presso il 9° Reggimento di almeno 10 anni a partire dal termine del Corso di Operatore Basico, trascorsi i quali, fatte salve inderogabili esigenze di Forza Armata, potranno essere reimpiegati in altre sedi di loro gradimento. Va comunque tenuto presente che una carriera nelle Forze Speciali non può che basarsi sulla volontarietà e sulla capacità di garantire sempre la massima affidabilità : non sono rari pertanto i casi di operatori che, generalmente per motivi familiari e/o di salute, richiedono e ottengono un cambiamento di mansioni, anche prima del raggiungimento della permanenza minima prevista nell'incarico venendo anche trasferiti presso altri reparti e località in base alle priorità di Forza Armata. I limiti di età per l'ammissione all'iter sono determinati indirettamente dai requisiti di anzianità massima nei vari gradi degli aspiranti: per gli ufficiali, ad esempio, non oltre un anno nel grado di Tenente per gli appartenenti al Ruolo Normale e un massimo di tre anni per gli ufficiali del Ruolo Speciale. Per il personale di truppa è opportuno che i volontari in ferma annuale – VFP1 –

potenzialmente interessati a una carriera da incursore scelgano, già all'atto della rafferma per il passaggio alla categoria dei VFP4, l'Esercito quale Forza Armata per il successivo passaggio in servizio permanente al termine della ferma contratta (la cosiddetta scelta Esercito per Esercito), e richiedano di essere assegnati alle aviotruppe. Inviati alCAPAR di Pisa per frequentare le quattro settimane del corso di paracadutismo con fune di vincolo, i VFP4 verranno quindi intrattenuti nella terza di queste, alla vigilia dei lanci, da un team di selezionatori che svolge una breve attività promozionale finalizzata all'arruolamento nei reparti specialistici della Forza Armata. In questa sede gli aspiranti manifesteranno il gradimento allo specifico impiego, indicando un ordine di preferenza tra i reparti e specificatamente per il 9°, il 4° il 185° e/o il REOS. E' importante sottolineare che la scelta effettuata in questa fase è al momento vincolante e non modificabile, e non consente di transitare durante l'iter formativo da un reparto all'altro. E' auspicabile quindi che le informazioni sulla materia vengano trattate con la massima chiarezza, al fine di generare una scelta ponderata, e con la dovuta correttezza e visibilità, evitando di scoraggiare, magari indirettamente, scelte personali legittime ma che potrebbero privare i reparti convenzionali degli elementi migliori.In caso di dubbi o incertezze il consiglio è sempre quello di contattare direttamente il 9° Reggimento. Per quanto riguarda specificamente l'alimentazione del 9° Reggimento, va segnalato che i giovani VFP4 aspiranti incursori vengono da qualche tempo assegnati alla Compagnia Comando e Supporto Logistico reggimentale, in attesa di iniziare l'iter selettivo vero e proprio, e ricevono nell'arco di alcuni mesi un'intensa formazione essenzialmente fisica, tesa a migliorare le loro possibilità di superare i successivi stadi della selezione/formazione. Si tratta di una innovazione recentissima, voluta dall'attuale comandante di reggimento, che si è dimostrata particolarmente felice e opportuna per migliorare le chances di riuscita, evitare precoci abbandoni e limitare il tasso di attrito, senza alcun abbassamento dei livelli psico-fisici richiesti, ma a tutto beneficio del reparto, evitando inutili sprechi di risorse, sia umane sia finanziarie. Il reclutamento straordinario ha lo scopo di ripianare carenze organiche particolari del 9° Reggimento e viene svolto senza una cadenza regolare. I limiti di età per le varie categorie di personale sono specificati in ciascun bando dallo SME e possono variare di volta in volta. A titolo di esempio l'ultimo reclutamento straordinario per il corso OBOS fissava per i VSP un limite di 28 anni e di 30 per i Sergenti. Per la categoria VFP4 il limite era dettato dall'anzianità di servizio nel ruolo (circa tre anni), per evitare che il personale rischiasse di non passare in servizio permanente al termine della ferma per non aver concluso l'iter in tempo. A tale proposito va peraltro ricordato che al fine di incentivare il passaggio in SPE l'iter garantisce un punteggio aggiuntivo, in funzione delle qualifiche conseguite, pari a 1 punto per il brevetto di paracadutista militare, 2 punti per il superamento del corso OBOS e 3 punti per il brevetto di Incursore o per le qualifiche di Ranger e Acquisitore Obiettivi.

Tali punteggi assicurano, di fatto, il superamento del concorso per l'ammissione al Servizio Permanente. La formazione di un incursore dell'Esercito è un processo che dura complessivamente circa due anni: il primo conferisce agli allievi le nozioni di base del combattimento e delle procedure tecnico tattiche delle Forze Speciali, mentre il secondo è destinato all'acquisizione della "mobilità ambientale", ovvero della capacità di muovere, vivere e combattere in ogni ambiente operativo e geografico (mare, montagna, zone costiere, paludose e lacustri, ambienti semi artici, semidesertici) nonché di impiegare specifiche tecniche di inserzione/infiltrazione. E' l'iter formativo più completo e selettivo delle Forze Speciali italiane che, oltre al 9° Reggimento, sono costituite dal Gruppo Operativo Incursori della Marina Militare, dal 17^ Stormo della Aeronautica Militare e dal GIS dei Carabinieri, e tra i più lunghi anche in ambito internazionale. Le percentuali di attrito complessive dell'intero processo possono raggiungere anche il 90% e le capacità individuali acquisite alla fine sono uniche e difficilmente riscontrabili perfino negli omologhi reparti dei principali Paesi occidentali. La selezione e l'addestramento iniziale vengono svolti insieme ai candidati per il 185° Reggimento Paracadutisti Ricognizione Acquisizione Obiettivi "Folgore", per il 4° Reggimento Alpini Paracadutisti "Battaglione Monte Cervino" e per il 26° Reparto Elicotteri per

Operazioni Speciali REOS, per poi proseguire la formazione specifica presso i loro reparti di destinazione. Per tentare le selezioni bisogna fare domanda attraverso il bando Domanda per il Bacino FS/FOS. Di norma ogni anno escono due bandi (dipende dalla disponibilità di personale e di fondi). Nella domanda si possono mettere in ordine di preferenza le tre FS/FOS dell'Esercito: 9° Reggimento d'Assalto Paracadutisti "Col Moschin", 4° Reggimento Alpini Paracadutisti "Btg. Monte Cervino" e 185° Reggimento Ricognizione Acquisizione Obiettivi "Folgore", oltre al 26° REOS. Durante l'anno, selezionatori dei reparti FS/FOS girano le caserme delle varie unità e scuole dell'Esercito Italiano, come la Scuola Sottufficiali di Viterbo e la Scuola di Applicazione dell'Arma di Torino, presso le quali cercano i candidati per il bacino delle FS/FOS.

Nelle ultime settimane del "corso palestra" (per il conseguimento del brevetto di paracadutismo), presso il Centro Addestramento Paracadutismo (CAPAR) di Pisa si recano rappresentanti dei diversi reparti FS/FOS per presentare le Forze Speciali dell'Esercito e individuare gli interessati (sempre tramite la domanda).

I requisiti per presentare la domanda sono:

- Avere massimo 26 anni d'età
- Appartenere alla categoria ufficiali (nel grado fino a tenente), sottufficiali o volontari (VFP-4 e VSP).
- Non aver riportato alcuna condanna per delitti colposi e non colposi.
- Non essere stato ammesso a riti alternativi per delitto colposo o non colposo, o sottoposto a misure di prevenzione.
- Non essere mai sottoposto a sanzione disciplinare di stato
- Aver riportato in sede di valutazione caratteristica, negli ultimi due anni, valutazioni o punteggi non inferiori a "superiori alla media" o equivalenti (avere un ottimo stato di servizio).
- Non aver già frequentato corsi di formazione FS/FOS con esito negativo (a meno che la dimissione/rinuncia sia stata originata per motivi di salute).

- Non essere stato soggetto alla revoca del brevetto di "paracadutista militare" (per chi ne è in possesso).

Una volta presentata la domanda, si attende di essere chiamati per le preselezioni fisiche e il tirocinio di selezione. Le preselezioni fisiche consistono nelle seguenti prove valide per l'accesso ai reparti: 185° RRAO (Reggimento Ricognizione Acquisizione Obiettivi), 4° Reggimento Ranger, 26° Gruppo REOS (Reparto Elicotteri per le Operazioni Speciali), 9° Reggimento Col Moschin:

- 10 trazioni alla sbarra in 1 minuto con dorso della mano rivolto verso il viso.
- 10 trazioni alle parallele in 1 minuto.
- 40 piegamenti addominali in 1 minuto.
- 30 piegamenti sulle braccia (flessioni) in minimo 1 minuto.
- Salita alla fune: 4 metri entro 1 minuto e 45 secondi con qualunque tecnica; trattasi di prova di sbarramento.
- Corsa piana di 2 km da concludersi in un tempo massimo di 8 minuti e 20 secondi.
- Marcia celere di 7 km da portare a termine entro 45 minuti in mimetica e scarponi.
- Salto in alto: minimo 120 cm con qualunque tecnica.
- Prova di apnea in piscina: 15 metri lineari in uniforme da combattimento senza stivaletti; trattasi di prova di sbarramento.
- Prova di galleggiamento: minimo 12 minuti in uniforma da combattimento senza stivaletti; trattasi di prova di sbarramento.
- Prova di nuoto: 50 metri entro 2 minuti e 15 secondi in uniforme da combattimento senza stivaletti in qualunque stile.

Chi supera le pre-selezioni fisiche ritorna ai reparti, per poi essere chiamato al 9° Reggimento per partecipare, presso la 101ª Compagnia Allievi, al Tirocinio di Selezione, seconda fase dell'iter selettivo, che ha luogo due volte l'anno nei mesi di maggio-giugno oppure ottobre-novembre. Il tirocinio di selezione svolto dagli aspiranti incursori dell'Esercito Italiano, dagli aspiranti ranger e dagli aspiranti acquisitori, della durata di due settimane, mira ad accertare non solo le caratteristiche psico-fisiche e la resistenza fisica e mentale allo sforzo prolungato del candidato, ma anche le sue qualità morali e caratteriali, le motivazioni profonde che lo spingono ad affrontare pericoli e disagi e la loro capacità di reagire con calma e lucidità alle difficoltà, anche in presenza di forti fattori di stress, e a dare comunque il massimo di sé. Gli istruttori verificano poi in modo accurato le motivazioni degli aspiranti, quel fattore imponderabile che spinge a dare il meglio di sé. Per tutta la durata del tirocinio gli allievi vengono privati dell'orologio e, ovviamente, del telefono cellulare, perdendo ogni riferimento temporale e ogni collegamento con il mondo esterno. Contrassegnati unicamente da un numero, senza alcuna differenza dovuta al grado, all'anzianità o al reparto di provenienza, sono mantenuti sotto costante pressione fisica e mentale all'interno di strutture militari e zone addestrative, non fruiscono di libera uscita e non possono contattare familiari e amici. Sono isolati con se stessi e ogni attività è regolata dagli istruttori, che alterano gradualmente gli orari e la durata dei periodi di riposo, in modo da provocare disorientamento, crisi di sonno e affaticamento precoce. Gli allievi dormono poco ed esclusivamente all'aperto, accumulano progressivamente stanchezza per le continue prove fisiche e debbono dimostrarsi in grado di sopportare e gestire lo stress, senza avere reali possibilità di recupero. Tutte le prove fisiche, come le marce zavorrate, sono alternate da periodi d'addestramento al combattimento, lavori tattici, test fisici e di cultura generale e tecnico-professionale, durante i quali si deve dimostrare lucidità, capacità operative, resistenza mentale e ferrea volontà di non cedere alla stanchezza. Sono frequenti le esercitazione continue, che coprono almeno parzialmente l'arco notturno, e ai candidati sono date poche possibilità di recuperare il sonno perduto. Il tirocinio, come detto, della durata di due settimane (una terza può però essere eventualmente dedicata al recupero d'attività che non si sono potute svolgere per motivi di forza maggiore), include, dopo aver ripetuto le prove della preselezione, altre prove:

- Cinque marce zavorrate a tempo, in uniforme da combattimento e zaino di 20 kg senza arma, su itinerari di difficoltà, dislivello e distanza variabile da 10 e 30 km:
    - ➢ 10 km in piano con zaino da 10 kg da concludersi nel tempo massimo di un'ora e 12 minuti
    - ➢ 15 km su terreno vario e dislivello di 300 metri in due ore e 10 minuti
    - ➢ 21 km con forte dislivello di 900 metri in tre ore e 15 minuti
    - ➢ marcia di resistenza di 30 km in quattro ore e 28 minuti
    - ➢ marcia notturna in terreno accidentato, molto impegnativo, di 12 km.
- Prove d'ardimento, presso il complesso "Lustrissimi" di Livorno, che prevedono il superamento di percorsi di guerra, ostacoli aerei e ponti di corda, per accertare le doti di coraggio, coordinazione e velocità.
- Test d'acquaticità e Anfibia, alla Base a Mare, nuoto di superficie e voga. Inoltre altri test di varia natura, che includono, tra l'altro, il completamento di percorsi sotterranei per l'accertamento delle proprie capacità d'autocontrollo in situazioni e ambienti claustrofobici.

Molti di questi esercizi vengono variati a ogni corso, per evitare di far conoscere in anticipo ai candidati i particolari della selezione e impedire che possano prevedere ciò che li attende. Non sono pertanto mai noti con esattezza i tempi entro i quali terminare una prova o il punteggio minimo da conseguire in un determinato test. Questa insicurezza costringe i candidati a fornire comunque lo sforzo massimo in ogni circostanza, impedisce loro di limitarsi al risultato minimo anche se sufficiente, e permette agli istruttori di valutare meglio le reali doti caratteriali dei candidati.Questa selezione iniziale determina una prima sostanziale "scrematura" dei partecipanti, anche se si cerca di far concludere le due settimane di tirocinio a tutti gli allievi, indipendentemente dall'esito finale, in quanto la permanenza al RAFOS rappresenta comunque un'eccellente occasione di arricchimento professionale. Il personale ritenuto non idoneo ritorna ai reparti d'appartenenza, senza che alcuna annotazione negativa accompagni il loro curriculum individuale. Solo chi supera con successo entrambe le fasi della selezione, la preselezione all'idoneità fisica e il tirocinio, viene invece ammesso alla frequenza del corso Operatore Basico Operazioni Speciali (OBOS).

Corso di Operatore Basico Operazioni Speciali

Chi supera entrambe le fasi di selezione (preselezione fisica e tirocinio) viene ammesso alla frequentazione di uno dei quattro o cinque (anche in questo caso, in funzione della disponibilità di personale e di finanziamenti) corsi OBOS (Operatore Basico Operazioni Speciali) organizzati annualmente dal RAFOS (Reparto Addestramento Forze Operazioni Speciali) del 9° Reggimento Col Moschin dell'Esercito Italiano, completando il blocco di circa 64 allievi, tra aspiranti incursori, ranger, acquisitori, e reparti di volo del 26° REOS. Il numero dei frequentatori di ciascun corso, fissato dallo SME, è salito progressivamente negli ultimi tempi da 25 a 48 elementi, divenuti poi 56 per raggiungere infine i 64 allievi. I moduli di alimentazione sono sostanzialmente paritetici fra 9°, 4° e 185° e dipendono dalle carenze organiche di ogni reparto. Quello che varia è la quantità di aspiranti per ogni reparto che passa le selezioni e che quindi poi ha diritto di accedere al corso. A titolo di esempio i frequentatori del 15° corso OBOS erano suddivisi all'incirca secondo le seguenti percentuali: 48% al 9°, 37% al 4° e 14% al 185°. Ristrutturato di recente, ha ora una durata di 24 settimane, contro le precedenti 31, ma i contenuti, razionalizzati sulla base delle esperienze maturate nel tempo e delle lezioni apprese nei teatri operativi, sono rimasti sostanzialmente invariati. Attualmente include:

- 4 settimane dedicate al conseguimento del brevetto di paracadutismo con la fune di vincolo, per chi non ne risulta titolare, presso il CAPAR di Pisa.
- 5 settimane dedicate alla formazione teorico pratica sulla topografia, alle marce topografiche, all'apprendimento delle tecniche di orientamento e di navigazione terrestre.
- 12 settimane sulle Procedure tecnico tattiche (PTT) delle FOS. Armi e tiro con insegnamenti sull'uso delle armi in dotazione e sulle tecniche di tiro istintivo e mirato. Addestramento Individuale al Combattimento, per apprendere le tecniche di mascheramento, mimetizzazione, movimento tattico a livello individuale

e di coppia, superamento di ostacoli, soste tattiche, attraversamento di punti/aree pericolose, guadi, bivacchi e riordinamenti, ricerca, acquisizione e sorveglianza di obiettivi, tecniche di combattimento e di pattuglia. Procedimenti tecnico tattici e procedure operative standard della pattuglia da combattimento e da ricognizione, con l'apprendimento delle nozioni di base per pianificare, organizzare e condurre un colpo di mano e/o un'imboscata. Atti tattici elementari della pattuglia appiedata, con attività continuative ed esercitazioni pratiche sull'esecuzione di colpi di mano, imboscate e l'allestimento di posti di osservazione di superficie (quelli interrati verranno trattati, per gli allievi incursori, nel successivo corso di combattimento per FS). Sono trattati anche temi come l'organizzazione delle zone di lancio clandestine e di atterraggio elicotteri, le Reazioni Automatiche Immediate e la predisposizione dei punti di riordinamento in seguito ad imboscata e contro imboscata.

- 3 settimane di addestramenti tecnici specifici sulle trasmissioni, sulle procedure di pronto soccorso e medicina tattica con la frequenza di un corso che ricalca il BLS (Basic Life Support) statunitense, su come intervenire tempestivamente in caso di ferite d'arma da fuoco, sulle manovre salvavita e sulle procedure di rianimazione cardio-polmonare, approfondimenti su armi e tiro (diurno e notturno) e pianificazioni delle operazioni militari.

Il corso si conclude con una esercitazione continuativa di due settimane e con degli esami finali. Gli allievi ritenuti idonei (meno del 50% degli aspiranti iniziali) iniziano la fase di specializzazione, diversa per ogni reparto di destinazione finale. La fase PTT per FOS costituisce il cuore della formazione OBOS ed è destinata all'addestramento individuale e di nucleo al combattimento e all'apprendimento delle tattiche e procedure operative standard delle minori unità FOS. Vengono curati nel dettaglio tutti gli aspetti relativi all'uso appropriato dell'equipaggiamento, le tecniche di mascheramento, mimetizzazione, movimento tattico, superamento ostacoli e mobilità verticale. Sono acquisiti i necessari automatismi nella predisposizione delle soste, dei bivacchi, nelle procedure di riordinamento e di reazione automatica immediata in caso di compromissione. Tre settimane sono dedicate alla ricerca, acquisizione e sorveglianza degli obiettivi, due invece alle azioni dirette su obiettivi tattici. Si prosegue con tattiche di combattimento e pattugliamento in ambiente urbano, predisposizione di zone di atterraggio elicotteri e tecniche di ricerca e inganno. L'obiettivo del corso Operatore Basico per Operazioni Speciali consiste nell'innalzare il livello tecnico-professionale dei partecipanti, che acquisiscono le abilità comportamentali di base necessarie al movimento in ambiente ostile e le prime cognizioni tecnico-operative per la condotta degli atti tattici elementari tipici della pattuglia da combattimento e ricognizione paracadutisti impegnata nel movimento in aree controllate dal nemico e in fasi di interdizione d'area. Inoltre durante il suo svolgimento prosegue la valutazione degli allievi e l'accertamento dell'idoneità alla prosecuzione dell'iter formativo. Trattandosi di un corso "di base", i mezzi, gli equipaggiamenti, le armi impiegate sono quelle in dotazione alla fanteria; solo gli aspiranti incursori che supereranno il corso incominceranno a impiegare mezzi, equipaggiamenti e armi in dotazione al 9° Reggimento nei successivi corsi di specializzazione. Il corso si conclude con un'esercitazione continuativa di due settimane e con degli esami finali. Dopo aver superato con successo il corso Operatore Basico Operazioni Speciali – OBOS, i futuri incursori rimangono al RAFOS per iniziare l'addestramento specialistico. Al termine del corso OBOS gli allievi risultati idonei proseguono la loro formazione frequentando la fase di specializzazione presso i rispettivi reparti di impiego.

Gli Allievi Incursori permangono pertanto presso il RAFoS, dove svolgono l'iter di specializzazione per Incursore suddiviso in due fasi:

- Il Corso Combattimento per Forze Speciali (CCFS)
- Il successivo Corso Combattimento Avanzato per Forze Speciali (CCAFS).

Corso Combattimento per Forze Speciali

Il Corso Combattimento per Forze Speciali, della durata di 23 settimane, ha lo scopo di impartire agli aspiranti incursori le nozioni di base di pianificazione, organizzazione e condotta di Operazioni Speciali a livello di Distaccamento Operativo Incursori e tratta argomenti di pertinenza esclusiva della Forze Speciali. Sostituisce quella che in precedenza era definita la "fase di specializzazione per Guastatore Paracadutista", che durava complessivamente 26 settimane. E' condotto, come nell'OBOS, da istruttori di grande esperienza assegnati al RAFOS a rotazione dalle compagnie operative del Nono, che seguono i candidati in ogni momento dell'addestramento, fornendo insegnamenti tecnico tattici e dispensando consigli, rincuorando gli incerti e valutando continuamente il loro profilo fisico e morale. Per materie specifiche sono affiancati da istruttori fissi, normalmente degli incursori marescialli "anziani". Durante il nuovo CCFS gli allievi imparano a pianificare e svolgere i compiti affidati alle Forze Speciali e, più precisamente, le Azioni Dirette, la Ricognizione Speciale e la Military Assistance, e a utilizzare le armi e gli equipaggiamenti in dotazione al reggimento. Una fase iniziale di crca due settimane ha carattere essenzialmente teorico e prevede l'esame della dottrina nazionale e NATO relativa alle Operazioni Speciali e l'apprendimento delle proceduredi pianificazione delle missioni, attraverso i procedimenti noti come Military Decision Making Process. Successivamente gli allievi affrontano il modulo formativo "Sopravvivenza operativa e resistenza agli interrogatori" della durata di tre settimane, una fase che, per l'elevato impatto fisico, emotivo e psicologico, rappresenta un necessario momento di selezione, in virtù del quale solo i più determinati e preparati riescono a proseguire nel cammino per il conseguimento del brevetto. Significativamente tale sbarramento viene posto all'inizio del Corso Combattimento per Forze Speciali, al fine di minimizzare il rischio di investire tempo e risorse su elementi non del tutto idonei. La sopravvivenza operativa implica non solo conoscenze tecniche approfondite e una capacità di resistenza fisica e psicologica non comune, ma soprattutto richiede un atteggiamento mentale volto a considerare in ogni momento lo scenario peggiore cui far fronte, al fine di predisporre tutte le misure volte a mitigare i rischi e aumentare la probabilità di rimanere vivi e potersi ricongiungere con le truppe amiche. A tale scopo è fondamentale che l'allievo incursore venga condizionato e sperimenti in prima persona realistiche condizioni di isolamento e di cattura, per raggiungere la consapevolezza dello stress che tali situazioni comportano e imparare a reagire e resistere di fronte alle pressioni psicofisiche a esse correlate. Durante la prima settimana del modulo vengono impartite lezioni teoriche in aula sulla sopravvivenza dell'ostaggio, la resistenza agli interrogatori e la psicologia della sopravvivenza, seguite da prove pratiche sulle tecniche di ricerca di acqua e cibo, per la costruzione di un riparo, l'accensione del fuoco, la realizzazione di trappole e armi di circostanza. Si approfondiscono nozioni di medicina e le procedure tecnico-tattiche relative alla fuga e all'evasione. Gli allievi sono proiettati in un ambiente sconosciuto, in assoluta solitudine, per affrontare prove di sopravvivenza che inducono un profondo senso di insicurezza e di isolamento. In media ciascun partecipante percorre nelle fasi dinamiche trenta chilometri al giorno e non riceve né acqua né cibo per i primi 4 giorni. Durante le occasioni in cui gli allievi sono sottoposti al trattamento prigionieri gli istruttori accertano le loro doti di resistenza psicofisica e la capacità degli allievi di sopportare gli stress derivanti dall'interrogatorio per prigionieri di guerra, di tutelare la riservatezza delle informazioni di cui si è a conoscenza e di procedere a una loro progressiva rivelazione solo dopo un periodo di tempo sufficiente a farne decadere l'importanza. Si svolge sia in Toscana sia in Sardegna e prevede anche una fase di sopravvivenza in mare. Un ulteriore periodo, in genere affrontato successivamente al reparto, riguarda la sopravvivenza in ambiente montano innevato e in zone di clima rigido. Il corso prosegue con lo studio e maneggio di esplosivi, della durata di 8 settimane, che insegna le tecniche e le procedure di maneggio degli esplosivi, delle tecniche di sabotaggio e di demolizione speditiva. Una delle esercitazioni specifiche e valutative prevede proprio il progetto e la realizzazione di una demolizione di un manufatto complesso in ambiente non permissivo. La completa formazione di tutti gli operatori in questo specifico settore viene visto dagli ufficiali del Reggimento come un fattore di flessibilità e un motivo di vanto nella comunità internazionale delle forze speciali. Segue il modulo Combat Medic secondo i protocolli Combat Life Support, che forniscono i rudimenti delle tecniche di primo soccorso nell'ottica di intervenire sul ferito il più precocemente possibile, almeno quando la situazione tattica lo permette, per evitare il peggioramento delle sue condizioni in attesa dell'intervento di personale più qualificato. Tale formazione, rivolta a tutto il personale, verrà successivamente approfondita per gli elementi destinati a funzioni di Combat Medic di distaccamento. A questo punto è la volta del modulo di operatore radio per Forze Speciali, che abilita all'impiego delle sofisticate apparecchiature radio VHF, HF e satellitari in dotazione, necessarie a garantire le comunicazioni tattiche e strategiche. Segue infine il modulo per Procedure Tecnico Tattiche per Forze Speciali (PTTFS), per l'approfondimento delle procedure del distaccamento operativo incursori nelle situazioni tipiche d'impiego. Sono approfonditi i procedimenti e le tattiche del Distaccamento Operativo incursori nelle varie situazioni tipiche di impiego, in particolare nella concezione, pianificazione, organizzazione e condotta delle Operazioni Speciali:

- le Azioni Dirette
- la Ricognizione Speciale
- la Military Assistance

Si susseguono le lezioni sulle armi in dotazione alle sole Forze Speciali e si approfondiscono ulteriormente le tecniche avanzate di tiro operativo, mirato e istintivo. Il corso include una serie di addestramenti specialistici della durata di una o due settimane.
Due sono dedicate alla mobilità per FS, per l'apprendimento delle tattiche d'impiego e di sicurezza della pattuglia motorizzata, il cui utilizzo è divenuto preminente nelle missioni più recenti, e le predisposizioni da attuarsi in caso di contatto (RIA sui mezzi). Due ulteriori settimane approfondiscono le modalità di aerocooperazione per FS, con particolare riguardo

all'impiego degli elicotteri. Due riguardano le azioni dirette e gli interventi di antiterrorismo; due le procedure di scorta e protezione ravvicinata di personalità (close protection e tiro istintivo); due infine le tecniche di mobilità e combattimento in montagna per forze speciali. Inoltre, addestramenti specifici di una settimana che toccano i temi delle operazioni in ambiente NBC (Nuclear Biological Chemical – Nucleare Biologico Chimico), della ricognizione speciale e delle procedure HUMINT (Human Intelligence) di raccolta informativa per forze speciali. Nelle settimane restanti, viene approfondita la conoscenza di tutte le armi leggere in dotazione al reparto e gli allievi frequentano un ciclo di lezioni sulla foto interpretazione delle riprese aeree. Un'ultima settimana è dedicata agli esami conclusivi del corso. Al termine, conseguito il brevetto di Guastatore Paracadutista, l'allievo affronterà la fase successiva, il corso di qualificazione Incursore Paracadutista.

Corso Combattimento Avanzato Forze Speciali

Della durata di 5 settimane è destinato ad approfondire le tecniche avanzate di combattimento in ambiente urbano, di tiro istintivo, discriminato e ravvicinato, di irruzione e intervento nei più disparati scenari contro obiettivi posti all'interno di varie tipologie di edifici. Le prime tre settimane sono dedicate al consolidamento della tecnica di tiro con fucile d'assalto e pistola, con ausili di puntamento, mentre le ultime due sono incentrate sulle procedure di irruzione e di movimento. L'efficace progressione dell'addestramento è garantita dalla padronanza nell'uso delle armi individuali acquisita durante le fasi precedenti dell'iter formativo dedicato agli allievi Incursori. Nel corso del CCAFS l'allievo acquisisce i necessari automatismi, frutto di un'autentica "memoria muscolare" che lo porteranno a eseguire in rapidità e sicurezza i movimenti necessari a impiegare le armi, ricaricare con la massima celerità, effettuare la "transition" dall'arma lunga a quella corta e viceversa, affrontare e risolvere i malfunzionamenti, mantenere il bersaglio sotto tiro efficace e selettivo controllando nel contempo l'esistenza di altre possibili minacce. Nelle operazioni in ambienti ristretti, nelle missioni di controterrorismo e liberazione di ostaggi un'esitazione di pochi attimi può avere conseguenze drammatiche. Durante il Corso Combattimento Avanzato per Forze Speciali vengono svolte lezioni teoriche, dimostrazioni e attività pratiche in poligono e in strutture addestrative idonee ad essere utilizzate come "Killing House".
Il tutto culmina con un'esercitazione valutativa finale con munizionamento ordinario. Gli ausili didattici utilizzati, che servono a rendere quanto più realistici l'addestramento e l'interazione tra i partecipanti, variano dai kit Simmunition (per fucile d'assalto e pistola), ai bersagli fotografici e tridimensionali, ai manichini balistici, alle porte per il forzamento degli ingressi. Sono inoltre utilizzati una serie di artifizi, strumenti specialistici (es. kit breacher), e sistemi optoelettronici volti a supportare l'azione, in termini di efficacia, precisione e letalità. Nello specifico il corso fornisce le procedure e gli strumenti di base per:

- il combattimento in ambienti ristretti.
- le tecniche di tiro avanzate e discriminato in movimento, con utilizzo del lato debole.
- la soluzione degli inceppamenti.
- le tecniche di penetrazione negli edifici con esplosivi (breaching) o con mezzi alternativi, ad esempio pneumatici o meccanici.
- il building climbing e le tecniche di discesa dalle pareti.
- le irruzioni multiple, le procedure di bonifica degli ambienti, la cosiddetta "room clearing", e di movimento al loro interno (stanza singola, stanze multiple, corridoi, scale).
- l'impiego degli sniper con compiti di ricognizione, copertura, sicurezza e appoggio, il tutto a livello individuale, di nucleo e di team.

In tale ambito vengono impartite anche le prime nozioni di Tactical e Sensitive site exploitation, un'attività riservata mirante a estrarre informazioni sensibili da documenti, armi, equipaggiamenti e apparati elettronici o informatici rinvenuti nel luogo dell'intervento, cui si affiancano le tecniche di perquisizione del personale catturato e la raccolta dei dati biometrici (scansione della retina) di eventuale interesse operativo. Il CCAFS ha carattere fortemente valutativo, con particolare riguardo ai livelli di precisione raggiunti nel tiro ravvicinato e istintivo, alla rapidità di riflessi dimostrata in poligono e alla velocità di reazione di fronte all'imprevisto. Questo corso rappresenta, infatti, dopo la fase di sopravvivenza, un altro sbarramento valutativo di estrema importanza prima del raggiungimento dell'agognato brevetto. Al termine gli allievi qualificati risultano in grado di ingaggiare minacce da varie posizioni e in movimento, di estrarre correttamente ed efficacemente la pistola dalla fondina in condizioni di emergenza, di eseguire rapidi cambi di serbatoio mantenendo l'obiettivo sotto mira, di effettuare la transizione da un'arma all'altra, di risolvere eventuali malfunzionamenti e di impiegare varie tecniche di mira. Il corso è frequentato anche dagli allievi del 17° Stormo incursori dell'Aeronautica Militare; il superamento dello stesso da parte di questi ultimi convalida il fatto che l'addestramento ricevuto in precedenza al reparto di appartenenza risulta di primissimo livello. La formazione alle operazioni di Controterrorismo all'interno del Reggimento Col Moschin non termina però qui, ma contempla anche aspetti e problematiche di maggiore complessità. Le tecniche di Contro Terrorismo si sviluppano, infatti, su 4 livelli di addestramento, corrispondenti ai 4 differenti ordinamenti operativi della forza che esegue l'operazione.

- Il Livello 1 prevede l'acquisizione delle tecniche avanzate di combattimento in ambiente urbano individuali e di team.
- Il Livello 2 delle tecniche avanzate di combattimento in ambiente urbano di team e di Distaccamento Operativo.
- Il Livello 3 quelle di Task Unit, con più Distaccamenti Operativi che investono un target sotto il coordinamento di un elemento di comando e controllo.
- Il livello 4, infine, richiede l'acquisizione delle tecniche avanzate di combattimento in ambiente urbano di Task Unit in operazioni motorizzate svolte a supporto delle forze locali, per l'esecuzione di compiti di Military Assistance.

Abilitazione da Incursore

I candidati, che hanno terminato con successo la prima fase di specializzazione, iniziano quella di Perfezionamento per Incursore Paracadutista, che ha lo scopo di completare la formazione degli allievi, specializzare il personale e renderlo in grado di operare nei diversi ambienti e scenari di impiego peculiari delle forze speciali. Il perfezionamento include una serie di corsi di durata variabile gestiti direttamente dal RAFOS o svolti presso enti scolastici esterni e sono i seguenti:

- Corso di mobilità anfibia, della durata di sei settimane, svolto direttamente dal RAFoS presso la BAI, per l'apprendimento delle tecniche delle operazioni anfibie, che include esercitazioni di navigazione diurna e notturna con gommoni con motore fuoribordo, pratica del nuoto operativo di superficie, messa a mare e recupero veloce da imbarcazioni in movimento e conoscenza sia teorica sia pratica dei mezzi nautici in dotazione al reparto: battelli a scafo rigido, canoe, gommoni autogonfianti a scafo rigido. Al termine del corso viene conseguita la patente nautica per l'impiego dei mezzi più piccoli entro la fascia costiera delle 12 miglia.

- Corso Riconoscimento Mezzi e Materiali, della durata di 3 settimane, per la conoscenza e riconoscimento delle armi, i mezzi e le uniformi di alcune forze armate straniere. In passato era dedicato essenzialmente ai materiali dei paesi del Patto di Varsavia, mentre oggi la materia d'interesse ha carattere più generale.

- Corso di Paracadutismo con la Tecnica della Caduta Libera (TCL), al superamento del traguardo di 20 lanci con la tecnica della fune di vincolo. Si svolge presso il Centro Addestramento Paracadutismo (CAPAR) di Pisa per un periodo di sei settimane, durante le quali si effettuano lanci ad apertura comandata da una altezza massima di 3-4.000 metri (10.000 piedi) senza l'impiego dell'ossigeno e con l'utilizzo di paracadute ad ala che permettono atterraggi di grande precisione.

- Corso basico Addestramento Alpinistico (CA1), presso il Centro Addestramento Alpino (CEALP) di Aosta, della durata di 6 settimane, per fornire le conoscenze fondamentali relative alle tecniche d'arrampicata e movimento in montagna, necessarie a conferire la capacità di operare in ambienti montani in condizioni di sicurezza. È una fase basica che non contempla gli aspetti puramente tattici, e richiede pertanto un successivo approfondimento al reparto per l'inserimento delle tematiche specificamente operative.

- Corso basico di Addestramento Sciistico (CS1), sempre presso il CEALP di Aosta, della durata di 6 settimane dedicate all'apprendimento delle tecniche di movimento in montagna in ambiente innevato: sci alpinistico e sci di fondo, prevenzione delle valanghe e sopravvivenza in climi freddi. Anche in questo corso, le tematiche apprese andranno inserite in un contesto tattico con successive esercitazioni al reparto.

- Corso Basico di Lingua Inglese, della durata di 5 settimane, presso la SLEE (Scuola di Lingue Estere dell'Esercito) di Perugia, o presso istituti scolastici convenzionati a Livorno. L'importanza della collaborazione internazionale, e il frequente inserimento degli operatori in strutture multinazionali, richiede una conoscenza generalizzata di tale lingua, su cui innestare successivi approfondimenti.

Al termine di questo lungo processo formativo, che ha una percentuale di attrito di circa l'80% rispetto al numero totale degli aspiranti che si presentano alle selezioni per il tirocinio, i pochi candidati rimasti ricevono l'agognato brevetto da Incursore Paracadutista e transitano in un distaccamento di compagnia operativa dove, affiancati da colleghi esperti,

apprenderanno "sul campo" i mille segreti del loro difficile mestiere. L'addestramento però prosegue anche al battaglione incursori con attività di specializzazione avanzata per gli operatori destinati a ricoprire incarichi particolari all'interno dei Distaccamenti Operativi. Gli indirizzi individuali vengono assegnati in funzione delle necessità specifiche e delle attitudini dimostrate, con modalità e tempi stabiliti dal Comandante di Battaglione e in base alla programmazione formativa delle scuole di specializzazione. Gli incarichi individuali tipici dei reparti di Forze Speciali sono stati ampliati e integrati per poter affrontare adeguatamente le nuove sfide e le attuali minacce.
Fatta salva l'ampia polifunzionalità dei nostri Incursori, l'attuale tendenza prevede in linea di principio l'assegnazione a ogni Distaccamento Operativo di:

- Un Incursore con specializzazione Combat Medic.
- Un Breacher: disattivatore EOD-IEDD.
- Un JTAC: Joint Teminal Attack Controller.
- Un addetto alla raccolta informativa.
- Uno o due sniper.

Incursore specializzato Combat Medic

Superfluo ricordare l'importanza del Medic, in grado di fornire assistenza medica sul campo in assenza di specifici assetti sanitari. Il Reggimento qualifica tale personale attraverso tre percorsi tra loro complementari. A livello nazionale gli Incursori destinati a questo settore conseguono la qualifica di "Soccorritore Militare" presso la Scuola di Sanità di Roma, dopo un corso di tre settimane che garantisce, tra l'altro, una sorta di veste legale per operare nell'ambito del primo soccorso, anche se con significative limitazioni. Le particolari esigenze dei DO di Forze Speciali richiedono però sempre più spesso la capacità di trattare ferite e traumi e di sostenere e stabilizzare i traumatizzati in condizioni di isolamento e in ambiente non permissivo, fino all'evacuazione medica. Ne deriva la necessità di integrare in modo spinto la preparazione del personale attraverso la frequenza di corsi più completi e approfonditi, come il "Mid Level Provider – Special Operations Combat Medics (SOCM) Course", svolto presso l'ISTC di Pfullendorf e che insegna le procedure fondamentali di pronto soccorso, come fermare le emorragie e garantire una corretta terapia infusionale e anti shock, e soprattutto il prestigioso corso "18D – Special Operations Combat Medic" dei Berretti Verdi americani. Della durata complessiva di circa un anno, quest'ultimo è tenuto presso il JFKSWTSC di Fort Bragg ed è dedicato esclusivamente alle Forze Speciali (per l'Italia lo frequentano anche operatori del GOI, del GIS e del 17° Stormo).
Il personale che consegue tale qualifica raggiunge un altissimo livello professionale, che ne consente l'impiego, oltre che per la stabilizzazione e l'intervento sui feriti direttamente sul campo di battaglia e in condizioni di isolamento, anche in veste di istruttori a favore di altri operatori che hanno portato a termine corsi di minore livello tecnico, e permette loro di intervenire eventualmente a supporto delle popolazioni locali o di forze amiche in caso di operazioni prolungate di Military Assistance.

Breacher: disattivatore EOD-IEDD

Esistono due categorie di artificiere:

- Explosive Ordnance Disposal , ossia Artificiere con Qualifica EOD, che interviene su ordigni sul territorio nazionale, su ordigni esteri e sui residuati bellici. La pregressa denominazione li divideva in due livelli: Artificieri Ordinari e Artificieri Antisabotaggio. Con il recepimento a livello intereuropeo delle normative standard operative EODP3 e A-EODP3 l'attuale definizione tecnica è: Specialisti EOD I e II Livello, che intervengono su tutto il materiale di origine militare "regolamentare", cioè gli ordigni in servizio presso le Forze Armate e nella NATO, relativamente al 1° Livello EOD e successivamente il 2° Livello EOD che abilita al riconoscimento e alle operazioni di bonifica di tutti gli ordigni esplosivi regolamentari, inclusi i residuati bellici. Alcune particolari abilitazioni vengono conseguite per operare su ordigni esplosivi che possono avere caricamenti chimici e biologici. Infatti, seguendo la continua evoluzione della risposta necessaria per contrastare il loro avversario, di qualsiasi matrice ideologica o religiosa sia, molti sono anche stati qualificati come operatori su ordigni CBRN (Chimici, Batteriologici, Nucleari, Radiologici) e WMD (Weapons of Mass Distruction) sia in ambito nazionale che internazionale.

- Improvised Explosive Device Disposal, Artificiere con Qualifica IEDD, che è in possesso di tutti i requisiti EOD e, dopo aver conseguito particolari esperienze, viene qualificato a operare su tutti gli ordigni esplosivi improvvisati, quali pacchi bomba, autobomba, etc, anche con l'uso di speciali veicoli remotizzati dedicati. Gli IEDD possono essere di varie dimensioni e forme, e contenere quantitativi differenti di esplosivo o altro materiale destinato a nuocere e/o arrecare danni; questo rende difficoltoso prevederne la potenza, che può essere anche molto superiore a una mina anticarro di produzione industriale. Anche i detonatori possono variare; gli attentatori a volte impiegano parti di ordigni regolamentari militari e possono anche utilizzare sistemi di attivazione artigianali, non per questo meno efficaci, come, ad esempio, sistemi radio controllati attivati a distanza da un telefono cellulare. In alcuni casi, l'IEDD viene "indossato" dal terrorista-suicida che si fa esplodere in prossimità del bersaglio. Esempi di IEDD, non particolarmente letali ma certamente nocivi, sono gli ordigni realizzati dal famigerato attentatore Unabomber durante gli anni novanta. Gli IEDD sono impiegati prevalentemente in tattiche di guerriglia e da organizzazioni terroristiche; la natura non convenzionale degli IEDD fa sì che ne possano essere creati di vario genere, a seconda delle capacità, della fantasia, dell'inventiva e delle disponibilità dell'attentatore. Un IEDD può contenere anche componenti incendiari o relativi alla guerra chimica, nucleare o batteriologica.

I Breacher sono maestri nell'impiego degli esplosivi, in grado di confezionare cariche opportunamente sagomate e dimensionate per aprire un varco agli Incursori attraverso strutture di varia tipologia e vari tipi di ostacoli, quali muri, porte, paratie e cancelli, nell'ambito delle attività di CT. Specialisti dell'irruzione, quando possibile impiegano anche metodi di forzamento degli ingressi di tipo meccanico o pneumatico per il breaching a freddo (Cold breaching), ossia senza l'uso di artifizi. Tale abilità in ambito Esercito è posseduta solamente dagli incursori del 9° che si addestrano nello specifico campo tramite un apposito modulo addestrativo svolto periodicamente dal Battaglione Incursori. Le conoscenze in questo campo vengono poi affinate attraverso la partecipazione a workshop interforze e internazionali, con le paritetiche Forze speciali nazionali e unità straniere equivalenti, nonché seguendo un addestramento specifico e mirato in Israele.

Gli artificieri vengono selezionati in maniera molto accurata già in fase iniziale, su base strettamente volontaria, e sono quindi sottoposti a visite attitudinali psicofisiche che verranno in seguito ripetute tramite continui controlli a cadenza semestrale durante tutto l'arco della loro attività operativa. Al termine degli accertamenti medici sostenuti vengono trasferiti presso scuole di Formazione Militare dove vengono duramente selezionati sino a ottenere l'abilitazione di Operatore EOD 1° Livello e successivamente, se idoneo, di Operatore IEDD. Molti sono anche abilitati come Operatore EOD 2° Livello.

Il motto di questo reparto di (pochi) specialisti è "SEMEL ERRARE LICET", ovvero "si sbaglia una volta sola".

Se si può dare un significato chiaro al motto, possiamo dire che sottolinea l'unicità della possibilità di commettere un errore da parte di un artificiere. Si suole dire, per stemperare la tensione, che "l'esplosione è il modo con il quale la bomba ti comunica che hai sbagliato mestiere". Attualmente gli specialisti EOD/IEDD in servizio operativo sono veramente molto pochi, circa un centinaio, e questo sta, molto probabilmente, a indicare che per voler fare un lavoro che impone di correre per entrare in un posto da cui tutti gli altri cercano di fuggire bisogna essere veramente "speciali".

JTAC: Joint Teminal Attack Controller

I JTAC, o meglio gli SFJTAC, Special Forces Joint Teminal Controller, sono specializzati nella gestione e nell'integrazione degli assetti di volo, sia ad ala fissa che rotante, e nella guida terminale del munizionamento di precisione sganciato da velivoli. La loro formazione, condizionata dal possesso di un eccellente livello di conoscenza della lingua inglese, prevede inizialmente la qualifica di FAC, controllore aereo avanzato, ottenuta con un corso di cinque settimane, tre teoriche e due pratiche, svolto a Guidonia presso la Scuola di Aerocooperazione dell'Aeronautica, dove acquisiscono le nozioni per dirigere e controllare il fuoco erogato da piattaforme aeree. Tale fase è seguita di norma dall'abilitazione all'impiego dei designatori laser GLTD in dotazione al Reggimento. L'impiego operativo del qualificato FAC all'interno dei Distaccamenti Operativi di Forze Speciali differisce però in modo sostanziale da quello previsto nell'ambito delle unità convenzionali, a causa della diversa connotazione organica e dei profili di missione assegnati. Per tale motivo i qualificati FAC del 9° Reggimento proseguono l'addestramento specifico sia all'interno del reparto sia in ambito interforze e internazionale, per approfondire e consolidare la abilità specifiche richieste ai controllori del fuoco aereo delle Forze Speciali. Di qui, tra l'altro, la frequenza di un ulteriore corso di Controllore del Fuoco per Operazioni Speciali (CF/OS) di tre settimane, che porta alla definitiva qualifica di SFJTAC. In tale veste l'Incursore specialista si potrà trovare a gestire l'integrazione dei differenti mezzi aerei che possono intervenire in un'Operazione Speciale, dai jet che impiegano ordigni guidati agli elicotteri da trasporto e attacco, fino agli UAV incaricati di compiti ISTAR e che permettono agli operatori sul campo di ricevere in tempo reale informazioni e aggiornamenti sulla situazione tattica. Va ricordato inoltre che tale personale si esercita anche nella guida del fuoco terrestre e di quello navale, allo scopo di poter gestire il Joint Fire nel modo più versatile ed efficace.

Corsi di perfezionamento

- Corso Subacqueo, della durata di 12 settimane, presso il COMSUBIN del Varignano (La Spezia), per apprendere a operare con sicurezza nell'ambiente marino, con un approfondimento delle tecniche di nuoto operativo di superficie e subacqueo, e per conseguire l'abilitazione all'uso degli apparati subacquei A.R.O. (Auto Respiratore a Ossigeno) e A.R.A. (Auto Respiratore ad Aria).

- Corso di Perfezionamento Alpinistico e Sciistico, presso il Centro addestramento Alpino di Aosta, per l'approfondimento delle tecniche alpinistiche e per l'apprendimento della capacità d'agire in ambienti artici e d'alta montagna, ed elevare il grado di mobilità operativa in condizioni particolarmente impegnative e in presenza di un avversario addestrato a operare in montagna. Il succedersi dei corsi può portare all'ottenimento delle qualifiche di istruttore o istruttore militare scelto di sci e di combattimento in montagna.

- Corso Avanzato di Paracadutismo, della durata di 3-4 settimane, per l'apprendimento delle tecniche per lanci HALO e HAHO.
    - HALO è un acronimo che sta per High Altitude Low Open (Alta Altitudine Bassa Apertura). È una tecnica di lancio paracadutistico militare da incursione usato dai corpi speciali per infiltrarsi in zone nemiche senza essere avvistati; normalmente la squadra è munita di GPS personale e NVG (Night Vision Goggles - Occhiali per la visione notturna). Il salto è effettuato da circa 10.000 metri con bombola di ossigeno e tuta termica, oppure, prima del lancio, il paracadutista respira per 30-40 minuti ossigeno puro, così da saturare il flusso di sangue, evitando l'uso della bombola, che se usata in maniera errata può causare l'embolia. L'apertura

avviene a circa 1.000 metri di altezza dal suolo in modo da privilegiare la velocità a scapito della distanza percorribile in aria. Nel linguaggio militare italiano spesso ci si riferisce a questa tecnica con l'acronimo T.C.L (Tecnica Caduta Libera). Il lancio HALO non va confuso con le tecniche di Skydive o di caduta libera civile in cui ci si lancia da una quota mai superiore ai 5.000 metri e non vengono usate attrezzature quali maschere a ossigeno o tute termiche.

> HAHO è l'acronimo di High Altitude High Opening (Alta Altitudine Alta Apertura), ovvero, apertura ad alta quota e navigazione sotto vela. È il classico lancio di guerra da incursione (interdizione d'area) usato dai corpi speciali per infiltrarsi in zone nemiche senza essere avvistati muniti di GPS personale e NVG (Night Vision Goggles - Occhiali per la visione notturna). Il salto è effettuato da circa 8.000 metri con bombola di ossigeno e tuta termica. L'apertura avviene subito dopo il lancio e può condurre gli operatori a percorrere con paracadute aperto distanze considerevoli (60-70 km). Vengono usati paracadute a "profilo alare" molto grossi per poter coprire una maggiore distanza orizzontale (i Navy SEALs usano dei 300 sq.ft.). In Italia prendono questo brevetto solo gli Incursori del 9° Reggimento d'assalto paracadutisti "Col Moschin". E' un addestramento duro e pericoloso, che richiede coraggio e prestanza fisica. Prevede quote di lancio di oltre 8.000 metri con temperature di 30-40 sottozero, un peso complessivo dell'equipaggiamento (zaino, armi, buffetterie, apparecchiature autonome per la respirazione e la navigazione) che può superare i 50 kg.

Il possesso delle tecniche di inserzione aerea da quote elevate offre particolari e sofisticate possibilità di intervento strategico a grande distanza, in maniera occulta per l'assolvimento di missioni riservate, senza la necessità di supporto esterno. Tali capacità, espresse in ambito nazionale esclusivamente dal 9° Reggimento, sono il frutto di un impegno addestrativo oneroso e costante, e costituiscono una peculiarità che il Col Moschin condivide con ben pochi altri reparti di Forze Speciali nel mondo.

Altri corsi

- Corso Scorte e Protezione ravvicinata di personalità, tenuto al Reggimento, sulle tecniche di protezione e scorta di V.I.P, della durata di cinque settimane. Tre sono dedicate alla tematiche della protezione ravvicinata e del tiro istintivo con armi corte, e due all'apprendimento delle tecniche di guida veloce con modalità anti-sequestro.

- Corso avanzato di lingua inglese, di approfondimento del corso basico, per un completa conoscenza della lingua inglese, presso la SLEE di Perugia.

Altri corsi di perfezionamento vengono svolti all'estero, preceduti da un opportuno corso avanzato di lingua inglese tenuto presso la Scuola Lingue Estere dell'Esercito di Perugia. La maggior parte di questi corsi si tengono presso l'International Special Traning Center, ISTC di Pfullendorf, in Germania, la scuola delle Forze Speciali della NATO, presso la quale gli incursori frequentano vari tipi di corsi, talvolta per coprire obiettive carenze dell'addestramento impartito in Patria, in altri casi per ricevere un'istruzione specialistica, che non risulterebbe economica organizzare e gestire autonomamente, perché rivolta a numero assai esiguo di operatori. Il centro ISTC di Pfullendorf è stato costituito da nove paesi: Belgio, Danimarca, Germania, Grecia, Italia, Paesi Bassi, Norvegia, Turchia e Stati Uniti nel ruolo di nazione guida.

Armi

Come tutti i Reparti Speciali gli Incursori del IX Reggimento Col Mochin non hanno un particolare equipaggiamento ma dispongono di una vasta gamma di armi, sistemi d'arma, accessori e tute mimetiche che variano a seconda dell'ambiente in cui operano adattandosi il più possibile alla missione da compiere. Considerato che gli Incursori del Nono operano in qualsiasi tipo di ambiente, dal deserto alle cime innevate, dispongono di una serie di tute mimetiche con vari tipi di camouflage in modo da adattarsi all'ambiente circostante. In particolari missioni antiterrorismo in ambienti urbani gli Incursori indossano tute operative di colore nero o blu scuro con mefisto dello stesso colore. In genere al di sopra della tuta mimetica ogni operatore indossa un giubbotto antiproiettile, un jacket tattico, un casco protettivo in kevlar o un caschetto da lancio "Pro-Tech" con vari camouflage, ginocchiere e paragomiti. A seconda dell'ambito operativo gli Incursori possono indossare tute specifiche per la mimetizzazione in paesaggi innevati di alta montagna o la tradizionale kefiah araba per missioni in zone desertiche del nord africa e del medio oriente. Per quanto riguarda l'armamento gli Incursori del Col Moschin dispongono di una vastissima gamma di armi di ogni tipo. Primo fra tutte, in quanto il più utilizzato, è il fucile M4 SOPMOD che ha ormai soppiantato il Beretta SCP 70/90; in effetti l'M4, nelle varie versioni, è divenuto il fucile più usato dalle Forze Speciali. Altro fucile d'assalto utilizzato dal reparto è l'FN SCAR nelle versioni SCAR-H e SCAR-L. Molto usato è l'H&K MP5, spesso dotato di silenziatore, scelto per le operazioni in ambienti chiusi con contatti ravvicinati; in alternativa per lo stesso tipo di missioni gli Incursori hanno a diposizione la pistola mitragliatrice Heckler&Koch MP7 e la pistola mitragliatrice FN P90. Ultimamente nell'ambito del programma Soldato Futuro gli Incursori stanno testando il nuovo fucile d'assalto Beretta ARX-160 con lanciagranate GLX-160. Spesso qualche operatore della squadra porta con se una seconda arma lunga secondaria che in genere è un fucile a canna liscia come il Benelli M4 Super 90 o il Beretta RS 202.

Allo stesso modo ogni Incursore porta come arma secondaria una pistola in genere portata nell'apposita fondina cosciale a estrazione rapida; tra i modelli di pistola più usati dal Col Moschin c'è sicuramente la Beretta 92FS e le varie versioni della stessa pistola. Altri tipi di pistola a disposizione degli Incursori del Nono sono la Glock 17 e gli altri modelli della serie, la Beretta 8000 Cougar nonché le nuove FN Five-Seven e Beretta Px4 Storm. Come armi di squadra a disposizione degli Incursori del Nono in genere si trovano vari tipi di mitragliatrice tra cui la FN Minimi, all'occorrenza dotata di ottiche per il tiro istintivo.Gli Incursori con qualifica di tiratore scelto possono scegliere tra vari tipi di fucili di precisione tra cui l'Heckler & Koch MSG-90 semiautomatico in calibro 7,62 mm, i fucili Maser modello SP66 e modello SP86 in calibro 7.62 mm con funzionamento manuale, il fucile Acuracy AWP in calibro 7,62 mm silenziato con funzionamento manuale in calibro 7,62, il Sako TRG-42 Lapua in calibro .338 e infine i potentissimi e micidiali fucili Barret M82 ed M95 in calibro .50 BMG, 12,7 x 99 mm NATO.Oltre alle armi da fuoco ogni Incursore porta un pugnale Extrema Ratio per il combattimento corpo a corpo. A bordo dei veicoli utilizzati dagli Incursori del Nono si possono montare vari tipi di armi pesanti come la mitragliatrice Browning M2 in calibro .50, 12,7 mm, la mitragliatrice Minimi e un lanciagranate Sako Mk19 da 40 mm; di recente al reparto sono stati dati in dotazione i lanciamissili anticarro Spike. Oltre alla vasta scelta di armi il Nono Incursori dispone di una molteplicità di sistemi d'arma come ottiche da combattimento Red Dot ACOG e Aimpoint M68 nonché mirini olografici EOTech; a questi si aggiungono marcatori laser di bersagli tipo AN/PEQ2, camere termiche tipo Thales e Sagem nonché apparati radio individuali con dispositivi anti intercettazione. Gli Incursori del Nono dispongono inoltre di vari mezzi di trasporto tra cui vari tipi di VM90 modificati e VAV, Land Rover 110 muniti di kit tagliacavi WMIK, roll bar e supporto per le armi di bordo. Anche per missioni anfibie il reparto e dotato di mezzi appositi come i gommoni autogonfianti Zodiac Commando e Zodiac Hurricane II capaci di una velocità di cinquanta nodi e dotati di sistema GPS, radar di navigazione e supporto armi come mitragliatrice e lanciagranate, e le canoe biposto Hart. A seconda delle specifiche di missione gli Incursori del Nono utilizzano i mezzi di reparto a loro disposizione o si appoggiano ai mezzi aerei dell'Esercito e dell'Aeronautica come aerei ed elicotteri di vario genere.

Fucile d'assalto M4

Una delle armi più conosciute e più apprezzate da eserciti e forze di polizia di tutto il mondo, per versatilità, resistenza e affidabilità in combattimento, è il fucile d'assalto M4. Quest'arma fece la sua prima comparsa nel 1994 alla fiera per le armi da difesa di Abu Dhabi, come variante di un altro ben noto fucile d'assalto, l'M16A2, e come evoluzione diretta della carabina utilizzata dai soldati americani stanziati per la guerra nel Vietnam della famiglia AR-15 denominata XM177E2 in calibro 5,56 mm.

Il progetto M4 fu sviluppato dalla Colt per dare risposta alla richiesta da parte delle Forze Speciali americane di dotarsi di un arma che fosse più leggera e maneggevole degli M16A1 e A2.
La richiesta trovava fondamento nelle missioni svolte dalle Forze Speciali in cui gli operatori si trovavano spesso ad agire per lunghi periodi in territorio ostile, a piedi e portando a seguito il necessario per la sopravvivenza e il combattimento; con un'arma dal peso ridotto come l'M4, poco più della metà dell'M16A2, il soldato invece ha la possibilità di portare con sé una maggiore scorta d'acqua, di munizioni e ulteriore equipaggiamento. Dal 1994 è divenuto fucile d'ordinanza dello United States Army; è stato recentemente incluso nella top five dei fucili d'assalto grazie alla sua grande maneggevolezza e

versatilità. Fin dall'inizio della sua produzione ha dato prova di ottime capacita, quali la leggerezza, la cadenza di tiro e la precisione. Recentemente la versione A1 è stata adottata come arma standard nelle fila delle forze speciali statunitensi, quali i Navy SEALs, la Delta Force e i Marines. Il fucile d'assalto M4 viene caricato con cartucce M855 (SS109) da 5,56 × 45 mm:

- Sia FMJ: pallottola incamiciata o pallottola blindata costituita da un nucleo di un metallo relativamente morbido, solitamente si usa il piombo, incamiciato in un metallo più duro. L'uso della camiciatura permette al proiettile di essere accelerato fino a velocità di più di 1000 m/s senza lasciare traccia di depositi di piombo all'interno della canna dell'arma, fattore che deteriorerebbe progressivamente le qualità di precisione dell'arma stessa. Inoltre, si avrà una minor dispersione di particelle di piombo, e questo va a vantaggio dei frequentatori di poligoni di tiro al chiuso. L'incamiciatura è normalmente costituita da una lega di rame o di acciaio dolce, il cui compito principale è di evitare il deposito di piombo sulle rigature della canna, quando il proiettile viene accelerato a velocità supersoniche al suo interno. Confrontati con proiettili in piombo nudo, i proiettili FMJ presentano maggiore gittata, migliore conservabilità e resistenza a deformazioni. Queste caratteristiche li rendono idonei all'uso in armi automatiche preservando, contemporaneamente, l'arma da eventuali inceppamenti.

- Sia JHP: proiettili a espansione, detti anche proiettili Dum-dum, una tipologia di proiettili progettata per espandersi all'interno del corpo del bersaglio, aumentando così la gravità delle ferite. Un proiettile di questo tipo ha generalmente il nucleo composto di un metallo pesante, solitamente piombo, utile per favorire sia la balistica del colpo sia l'espansione, e una camiciatura incompleta del proiettile. I proiettili a punta cava sono completamente o in alcuni casi parzialmente incamiciati ma sulla loro sommità presentano una forma a coppa con delle rigature prestabilite, lungo cui si apre la struttura del proiettile quando viene sparato all'interno di un corpo più morbido. Sono molto apprezzati nella caccia non solo perché hanno un elevato potere d'arresto ma anche perché hanno la caratteristica di frammentarsi all'interno del corpo senza provocare un foro d'uscita, fatto che è particolarmente vantaggioso nel caso di animali di grossa taglia dato che mantiene integra la pelle. Esistono anche i proiettili a punta soffice o a punta piatta, detti JSP o JFP, che sono incamiciati solo parzialmente, lasciando la punta di piombo, che è appunto piatta, esposta. Rispetto ai JHP hanno una capacità di penetrazione maggiore e quindi creano ferite interne meno estese, con la possibilità di provocare un foro d'uscita; d'altro canto questo tipo di proiettili non ha un incavo sulla sommità, è più facile da caricare di un proiettile JHP e ha, rispetto a quest'ultimo, una minore tendenza all'inceppamento, specie nelle armi più vecchie. Abbiamo infine i proiettili a punta flessibile a espansione, detti FTX, che hanno un terminale di plastica a punta, caratteristica che migliora l'aerodinamicità pur senza diminuire la capacità di espansione. Un uso tipico è nei fucili a leva o a pompa: questi ultimi sono dotati quasi sempre di un caricatore tubolare posto sotto la canna, all'interno del quale le cartucce sono posizionate con la punta contro il fondello. Questa impostazione del caricatore è adatta ai fucili con munizioni a testa piatta come i fucili a canna liscia e non rigata, ma possono sorgere dei problemi con i proiettili di tipo spitzer (a punta acuminata) poiché c'è il rischio di auto-innesco se il puntale del proiettile batte contro la capsula a percussione di un'altra cartuccia.

I suoi caricatori sono da 30 colpi. Ha un meccanismo a sottrazione di gas a presa diretta, alimentato tramite caricatore esterno amovibile dotato di selettore di fuoco e calcio telescopico multi posizione o fisso (modello A2). I primi modelli di M4 avevano un calcio telescopico con poggia spalla piatto, ma i modelli più recenti sono dotati di un calcio telescopico migliorato leggermente più grande e con poggia spalla curvo. È stato riscontrato un surriscaldamento della canna se l'arma viene usata a lungo in modalità raffica, con alcuni casi di fessurazione longitudinale della canna o addirittura di scoppio della stessa. L'arma nella prima versione era dotata di un selettore di fuoco con possibilità di scelta tra sicura, colpo singolo e raffica da tre colpi; nella versione M4A1 e SOPMOD invece il selettore permette di sparare a raffica libera anziché da tre colpi come nella precedente versione. Questo fucile d'assalto, come altre armi simili, grazie alle slitte Picatinny può montare una vasta gamma di accessori come dispositivi di mira Red Dot, ottiche di mira, ottiche per visione notturna, visione infrarosso, dispositivi di puntamento laser, torce, o integrare altre armi come il lanciagranate da 40 mm M203, già largamente usato per il fucile M16, e il nuovo lanciagranate M320. M203 è la designazione data a un lanciagranate a colpo singolo da 40 mm, specificamente progettato per essere attaccato alla canna di un fucile d'assalto; sebbene originariamente progettato per equipaggiare i fucili d'assalto M16 o M4, esistono versioni che possono essere montate anche su altri tipi di armi, come pure modelli per un uso separato dal fucile. L'M203 viene agganciato sotto la canna e davanti al caricatore, con il grilletto proprio davanti a quest'ultimo per un rapido utilizzo; il caricatore dell'arma funziona come impugnatura durante l'uso. Il lanciagranate può essere montato senza l'uso di particolari attrezzi. Le armi equipaggiate con l'M203 vengono dotate di ottiche particolari, poiché quelle standard non sono tarate per il lanciagranate. L'M203 può lanciare granate da 40 mm di vario tipo, come granate esplosive, fumogene, illuminanti, granate a pallini, granate con gas CS (gas lacrimogeno) e granate da addestramento. Come per tutte le carabine l'M4 è più maneggevole, specialmente in ambienti ristretti rispetto ad armi più lunghe. Di contro la canna più corta di 14 cm rispetto all'M16 ne diminuisce le capacità balistiche, specialmente sulle distanze oltre i 200 metri, distanza entro la quale avvengono però la maggior parte degli ingaggi, come in ambiente urbano. La lunghezza della canna è stata scelta in base a un compromesso ritenuto ottimale tra la perdita di velocità iniziale del proiettile, che determina l'energia cinetica e quindi anche gittata e letalità, e la capacità di riarmo con munizioni standard, le M855. La gittata massima con munizione standard raggiunge i 3.000 metri di distanza, contro i 3.500 dell'M16, la gittata massima pratica di utilizzo è di 300 metri, mentre per un M16A2 è di un ottimistico 400 metri.

Pistola mitragliatrice MP5

La HK MP5 (Heckler und Koch Machinenpistole model 5) è una pistola mitragliatrice ideata dalla casa tedesca Heckler & Koch (HK) negli anni sessanta. Già dalla Seconda guerra mondiale la Heckler und Koch di Obendorf in Germania, si affermò come una delle case produttrici di armi più importanti d'Europa; il suo successo era imperniato sulla produzione del fucile G3 divenuto successivamente una delle armi standard della Nato. Proprio prendendo spunto dal progetto G3, dal quale riprese il valido sistema di chiusura, Heckler&Koch ideò l'MP5 (inizialmente chiamato HK54, dove il "5" definisce le submachine gun, mentre il "4" definisce il tipo di munizioni da 9 x 19 mm), una versione pistola mitragliatrice del fucile G3. Infatti, come il predecessore, rispetto al quale però è molto più corta, anche l'MP5 adopera munizioni Nato calibro 9×19 mm Parabellum mantenendo il sistema di chiusura a rulli e rampa inclinata del fucile G3. Questo tipo di sistema permette di realizzare un tiro molto più preciso con l'MP5 in quanto si spara con l'otturatore chiuso e senza masse battenti in movimento come avviene per altre armi simili come, ad esempio, per il Beretta PM12. In effetti, il sistema a rulli dell'otturatore dell'MP5 deriva da un prototipo tedesco degli anni quaranta, l'StG45(M) sviluppato poi nel fucile CETME. Il progetto di questo sistema fu realizzato dalla Mauser assimilata poi dalla Heckler&Koch. L'MP5 dispone di caricatori da 30 cartucce accoppiabili con appositi kit, pertanto la disponibilità di munizioni diviene 30 x 2 calibro 9×19 mm Parabellum. Il progetto MP5 ha subito negli anni alcune modifiche che hanno portato allo sviluppo di numerose varianti; una tra queste riguardava il calcio. In origine, infatti, l'arma veniva prodotta sia nella versione con calcio fisso sia con calcio telescopico. Alcune versioni non disponevano della modalità "raffica a 3 colpi", altre versioni invece disponevano solo di quella. Nel 1971 la HK modificò ulteriormente l'arma sviluppando le versioni MP5A2 e nel 1973 la versione MP5A3.

Nel 1974 l'evoluzione prosegue e nasce la serie la serie MP5SD (SD1-SD6), modello dotato di un silenziatore integrato con la canna appositamente realizzata in modo da ridurre la velocità di uscita delle munizioni a una velocità di poco inferiore a quello del suono. Con questi accorgimenti non era possibile all'orecchio umano udire lo sparo di un MP5 a una distanza superiore ai 15 metri; per questi accorgimenti quest'arma divenne l'ideale da essere utilizzata nelle operazioni segrete da molti corpi speciali militari e di polizia. Nel 1976 un mercante d'armi del Sudamerica chiese alla HK di realizzare una versione dell'MP5 dalle dimensioni ancora più ridotte in modo che potesse essere utilizzata dalle guardie del corpo come arma piccola automatica e disporre di maggiore potenza di fuoco.

MP5K

Nasce così l'MP5K (la K sta per kurz, "corto"), lungo 325 mm, dotato di un'impugnatura verticale per ridurre l'alzo della canna durante il fuoco automatico. Come richiesto, grazie alle modeste dimensioni, può essere anche portato in una apposita custodia-fondina e occultato sotto i vestiti; per facilitare l'estrazione dalla

fondina, ne è stata realizzata anche una versione senza diottra di mira e superficie superiore liscia. All'atto dello scatto, il cane lancia il percussore che percuote la capsula della cartuccia causando la deflagrazione della polvere in essa contenuta, i gas generati spingono il proiettile fuori dalla canna e, allo stesso tempo, tramite scanalature ricavate in camera di cartuccia, che hanno anche il compito di evitare che il bossolo aderisca completamente alla camera di cartuccia, esercitano una pressione sulla testa dell'otturatore tenuto in chiusura dai rulli di bloccaggio, i quali, costretti a rientrare nella loro sede da appositi piani inclinati ricavati sulla culatta, spingono il porta percussore fuori dal suo alloggiamento causando lo sbloccaggio completo dei rulli; l'otturatore é così libero di completare la sua corsa all'indietro, caricando il cane con la relativa molla, e la molla di recupero. Durante questa fase, il bossolo è agganciato dall'unghia estrattrice ed espulso da un'apposita finestra praticata sul lato destro del castello. Esaurita la spinta all'indietro, l'otturatore viene spinto in avanti per effetto della distensione della molla di recupero e porta in camera di cartuccia un nuovo proiettile, durante tale fase, l'estremità posteriore del carrello otturatore, aggancia la leva del cane abbassandola, lasciando libero il cane di colpire il percussore, qualora fosse premuto il grilletto. Un'altra versione dell'arma viene sviluppato dalla Heckler&Koch USA nel 1991, è l'MP5K-PDW (Personal Defense Weapon, arma di difesa personale); questa versione è stata studiata appositamente per i piloti dell'US Air Force e può disporre di un silenziatore e un mirino laser. Anche la Marina Militare americana ha chiesto alla Heckler&Koch una variante dell'arma per le proprie forze speciali di incursori (Navy Seals) e nasce così l'MP5N (MP5 Navy); questa variante viene prodotta interamente ambidestra, silenziabile, alleggerita e resistente alla corrosione a cui sono soggette le armi dei Seals spesso a contatto con l'acqua. Nel 1994 si tentò di sviluppare versioni più potenti dell'arma tra cui quella da 10 mm Auto e calibro 40 S&W (Smith & Wesson), erroneamente chiamata MP10, che però non ebbero molto successo se non per il fatto che fu adottato dall'FBI.
Attualmente l'utilizzo dell'MP5 registra un netto declino in funzione dell'uso diffuso dei giubbotti antiproiettile capaci di

fermare il calibro 9x19mm, in funzione dei nuovi trend nella progettazione delle armi che hanno reso obsoleto il concetto stesso di mitraglietta ed infine in funzione del costo stesso dell'arma che per la versione MP5N può arrivare fino a 900 dollari eguagliando il costo di un fucile d'assalto come il Colt M4.

Pistola mitragliatrice MP7

L'MP7 è un'arma studiata per l'utilizzo in ambienti urbani e in ambiti ristretti per cui si presenta molto maneggevole e compatta grazie al corpo realizzato in tecnopolimeri che ne riducono notevolmente il peso e permettono allo stesso tempo di darle una forma particolarmente ergonomica. La nascita di quest'arma è da considerarsi la risposta alla sempre più crescente resistenza dei moderni giubbotti antiproiettile ai colpi sparati da pistole; alla Heckler & Koch decisero quindi di progettare un'arma che mantenesse la propria efficacia offensiva anche in presenza di giubbotti antiproiettili molto resistenti. Requisito per la nuova arma quindi era la capacità di penetrare i giubbotti antiproiettili pur mantenendo le funzionalità di arma leggera. La meccanica dell'MP7 è del tutto simile a quella dell'H&K G36 ed è in grado di sparare un tipo di proiettili appositamente studiato per quest'arma in modo da avere una velocità d'uscita molto simile a quella delle munizioni calibro 5,56 x 45 NATO utilizzate per altre armi con una maggiore efficienza. Queste particolari munizioni, infatti, sono studiate per ridurre significativamente il rinculo all'arma durante il tiro con un conseguente beneficio in precisione; ogni proiettile è realizzato completamente in acciaio invece che in piombo come le munizioni standard. Il calibro di questi proiettili speciali, in calibro 4,6 mm, è studiato appositamente per aumentarne il coefficiente di penetrazione; inoltre le ridotte dimensioni delle cartucce permettono l'utilizzo di caricatori più piccoli ma di maggiore capacità che può arrivare fino a quaranta colpi. Riprendendo in parte il concetto dell'UZI, anche l'MP7 alloggia il caricatore in dotazione all'interno dell'impugnatura a pistola con possibilità di utilizzo ambidestro per tiratori mancini; sia il selettore di fuoco sia il pulsante di sgancio caricatore sono presenti su entrambi i lati dell'arma o possono essere facilmente modificati. L'MP7 è dotata di un calciolo estendibile, che in posizione chiusa viene completamente inglobato nel corpo dell'arma, nonché di una impugnatura anteriore reclinabile.

L'MP7 è dotato dei normali dispositivi di mira nonché di una slitta Picatinny che permette di accessoriare l'arma con vari tipi di ottiche di mira e di puntatori tipo Red Dot. Altre slitte Picatinny possono essere montate lateralmente per dotare l'arma di ulteriori accessori come torce e puntatori laser di vario genere. Come per le altre armi simili anche alla canna dell'MP7 può essere applicato un silenziatore.

Fucile Beretta ARX-160

Nell'ambito del progetto Soldato Futuro l'Esercito Italiano, in collaborazione con aziende specializzate, ha sviluppato una nuova arma concepita come parte integrante del complesso programma, il fucile d'assalto Beretta ARX-160 calibro NATO 5,56 × 45 mm che contribuisce all'incremento della "letalità" del soldato in abbinamento ad altri sottosistemi.Il progetto del nuovo fucile fu ideato come upgrade dei fucili d'assalto Beretta AR 70/90 e Beretta SC 70/90 già largamente usato da molti reparti della Forze Armate e delle Forze dell'Ordine; l'aggiornamento concerneva soprattutto i materiali costruttivi e alcune modifiche all'AR 70/90. Nel corso dello sviluppo della nuova arma, alla Beretta idearono un prototipo completamente stravolto rispetto al precedente mostrandosi più elaborato; anziché un calcio pieghevole la nuova arma presentava un calcio regolabile in lunghezza e una manetta d'armamento posta in una posizione scomoda nell'uso operativo. Al progetto furono apportate numerose modifiche fino a giungere al modello finale dell'ARX-160, per cui la Beretta cominciò la produzione di alcuni esemplari per una prima valutazione da parte delle Forze Armate italiane. Il fucile ARX-160 è stato progettato tenendo conto di alcuni punti saldi su quali imperniare l'arma e in particolare l'ergonomia, una facile e rapida manutenzione, un altro grado di flessibilità e un facile upgrade con sistemi più innovativi. Restando al passo con le moderne concezioni, quasi tutta l'arma è costruita con polimeri ma la Beretta, per renderla più robusta, ha preferito montare una slitta NATO standard tipo Picatinny in alluminio sulla parte superiore del fucile per tutta la sua lunghezza. La Beretta ultimamente sta facendo un largo uso dei polimeri nella realizzazione dei propri prodotti, come il Cx4, Px4 e Rx4, in modo da ridurre notevolmente il peso dell'arma, che per l'ARX-160 si aggira sui 3 kg. Il calciolo del fucile nella sua versione finale è di tipo pieghevole in materiale polimerico. Con un sistema innovativo la canna dell'ARX-160 può essere cambiata facilmente, in pochi secondi e senza utilizzare attrezzi a differenza delle armi di altri produttori; infatti, il nuovo sistema prevede lo sgancio dell'arma con la semplice pressione su due appositi pulsanti. Per il fucile sono previste canne di varie misure da 10, 12, 16 e 20 pollici. L'assoluta novità dell'ARX-160 è una manetta d'armamento concepita in modo da permetterne una rotazione di 180°; con questo sistema l'arma può essere modificata sul campo, durante l'impiego operativo, per essere utilizzata da tiratori mancini. Infatti, su entrambi i lati il fucile è dotato di apposite finestre per la manetta d'armamento e per l'espulsione dei bossoli sparati.

Nonostante l'arma sembrerebbe già fino troppo completa così com'è, per l'ARX-160 è stato previsto l'imminente arrivo di una nuova possibilità di modifica sul campo in fase operativa.

Beretta ARX-160 con lanciagranate GLX-160

In previsione di condizioni estreme di battaglia, e quindi anche di possibile esaurimento del munizionamento, l'arma sarà dotata di un sistema per il rapido cambio del calibro; infatti, sarà possibile sostituire, anche in battaglia, la canna, il semicastello inferiore, l'otturatore e ovviamente il caricatore in modo da poter utilizzare all'occorrenza, oltre al calibro di base 5.56 × 45 mm NATO, anche:

- Cartucce calibro 7,62 × 39 (utilizzata dagli AK47)
- Cartucce calibro 6,8 x 43 (o 6.8 SPC Remington)
- Cartucce calibro 5,45 × 39 mm (munizioni per il fucile russo l'AK74).

Risulta ancora in fase di sviluppo un progetto per realizzare dalla base dell'ARX-160 un'arma d'appoggio tattico, mitragliatrice, in calibro 7.62 × 51 NATO; le problematiche da superare riguardano soprattutto i materiali compositi da utilizzare che siano in grado di resistere a grossi e repentini sbalzi di temperatura causati da una intensa cadenza di tiro.

Parte integrante dell'ARX-160, nell'ambito del programma Soldato Futuro, è il lanciagranate GLX-160 appositamente studiato in parallelo con il fucile come principale accessorio. Questo lanciagranate calibro 40 x 46 mm a bassa velocità può essere utilizzato singolarmente, in quanto dotato di apposito sistema pistol grip, oppure integrato al fucile ARX-160. Possiamo dire che questo nuovo lanciagranate è la versione Beretta moderna, completamente compatibile con l'ARX-160, del M203 americano già adottato per gli AR 70/90 con apposito adattatore. Al fine di facilitare il compito di ogni soldato, soprattutto in battaglia in condizioni di stress, nello sviluppo del programma Soldato Futuro ogni fucile ARX-160 è dotato di un altro accessorio multifunzione che aggiunge all'arma ulteriori funzioni di osservazione e puntamento sia diurno sia notturno: si tratta del modulo aggiuntivo ICWS (Individual Combat Weapon System) installato sull'arma tramite la slitta Picatinny.

Il modulo ICWS assolve alle proprie funzioni grazie al gruppo oculare dell'ottica, un puntatore Red Dot, una camera IR, una Camera TV, un puntatore Laser in campo visibile e un puntatore Laser in campo infrarosso. Altro accessorio per l'ARX-160 è Sistema di Controllo del Fuoco GFLCS, un dispositivo di direzione e controllo del fuoco per il lanciagranate integrato ideato con possibilità di funzione ambidestra come tutto il sistema d'arma; questo modulo aiuta il soldato nell'ingaggiare bersagli sia statici sia in movimento. L'apparato, alimentato a batterie, è in grado di acquisire i dati del bersaglio tramite un telemetro laser e sensori inerziali riuscendo a calcolare in tempo reale gli angoli di assetto per il lanciagranate. Grazie al GLFCS il soldato potrà agire anche su bersagli in lento movimento e, sfruttando le capacità del puntatore ICWS, potrà utilizzare il GLX-160 sia in situazioni operative diurne che notturne. Per soddisfare le esigenze delle forze speciali è stata sviluppata, in collaborazione con il 9° Reggimento d'assalto paracadutisti "Col Moschin" dell'Esercito Italiano, la versione A2, che si discosta da quella standard per il calcio accorciato ulteriormente ma sempre ripiegabile e regolabile come estensione, per la canna da 12 pollici (prevista anche per la versione standard come lunghezza) con manicotto ceramico per dissipare meglio il calore dell'arma. Inoltre il selettore di tiro è più rapido da usare, non sono previste mire fisse ma solo mire rimovibili della Magpul, le slitte anteriori laterali sono state allungate; è stato infine realizzato un accessorio, da inserire inferiormente nell'alloggiamento proprietario Beretta usato per il GLX-160, che permette di avere un rail molto più lungo e che potrà essere usato per sviluppare ulteriori accessori.

ARX-160 A2 in dotazione al Col Moschin

Benché siano state studiate soluzioni per migliorare il tiro automatico prolungato, il limite rimane a 7 caricatori da 30 colpi in successione a raffica. L'ergonomia è migliorata dalla nuova calciatura, imposta sia dalle nuove tecniche di tiro istintivo sia per evitare che con le protezioni antiproiettile del tiratore l'arma sia difficile da imbracciare. Un'ulteriore differenza è il rompifiamma anteriore, ora progettato per non far rilevare la posizione del tiratore sollevando polvere, realizzato con sfiati solo su 210°, mentre la parte inferiore è priva di fori. La soluzione è molto elaborata ma robusta e permette raffiche senza che l'arma si impenni eccessivamente. Tutte queste modifiche hanno portato a un leggero aumento di peso (3,3 kg).

Beretta 92 FS

La Beretta 92 è una pistola semi-automatica a chiusura geometrica con blocco oscillante, progettata e costruita dalla Fabbrica d'Armi Pietro Beretta. Dal 1992 la Beretta cominciò a produrre modelli 92 con parti in polimeri per ridurre il peso complessivo dell'arma e in parte i costi di produzione. Ad oggi le parti realizzate in polimeri in alcuni lotti di produzione sono: grilletto, leve sicura, asta guida molla, portacorreggiolo ed elevatori e basi dei caricatori. La Beretta 92 utilizza munizioni 9×19 mm Parabellum; la cartuccia calibro 9 mm combina una traiettoria piatta con un rinculo moderato e un discreto potere d'arresto. Il suo vantaggio principale è nelle sue piccole dimensioni ed economia di risorse per la sua produzione. Il suo svantaggio principale è la tendenza a trapassare il bersaglio e una cattiva cavitazione permanente, dimensione del foro, quando si usano proiettili non a espansione. A causa della sua economicità, facilità di produzione e adeguatezza alla maggior parte degli usi è diventata la cartuccia per pistola più usata nel mondo. Per l'uso in alcuni reparti di polizia, dove ammesso (USA), viene usata con proiettili a punta cava espansivi (normalmente propulsi da una maggior carica di lancio e perciò siglati sul fondello con P+), al fine di incrementare sia la cavitazione temporanea che quella permanente e di ridurre la sovrapenetrazione. Arma semiautomatica a sfruttamento diretto dei gas, a corto rinculo di canna. Il sistema di chiusura è "stabile", assoluto perché dato da appositi organi di bloccaggio. E' un'arma a otturatore chiuso, con meccanismo della doppia azione ed è alimentata da un serbatoio bifilare da 15 cartucce più una in canna. All'atto dello sparo, i gas di combustione prodotti dalla deflagrazione della carica di lancio spingono il proiettile fuori dalla canna e tramite il bossolo, fanno arretrare il gruppo canna culatta-otturatore. Dopo una corsa retrograda di circa 4-7 mm del gruppo, il perno di comando del blocco di chiusura è bloccato dall'apposita traversa del castello e determina la rotazione verso il basso del blocco stesso, disimpegnando la canna dalla culatta.
Abbiamo quindi:

- La compressione della molla di recupero.
- La rotazione del cane che a sua volta comprime la propria molla e si aggancia alla leva di scatto disponendo il meccanismo nella posizione di funzionamento in singola azione.
- L'estrazione e successiva espulsione del bossolo.

Esaurita l'energia di rinculo, la culatta otturatore, sotto la spinta della molla di recupero che ridiscende, ritorna nella posizione iniziale sfilando una nuova cartuccia e riportando in avanti la canna il cui chiavistello di chiusura, impegnandosi su appositi piani inclinati ricavati sul castello, risale rendendo solidale la canna alla culatta-otturatore.

Dopo lo sparo dell'ultima cartuccia, la culatta-otturatore rimane aperta in quanto bloccata dalla leva di arresto dell'otturatore. L'arma e costituita da:

- Culatta-otturatore che contiene il congegno di percussione con molla antagonista, congegno di estrazione, sicurezza ordinaria, sicurezza del percussore, congegno di puntamento. All'interno vi sono praticate le guide per l'unione e lo scorrimento sul castello, la nervatura di alimentazione e le spallette per il bloccaggio della canna.

- Castello fusto in lega speciale che comprende: il ponticello di protezione del grilletto modello combat, l'impugnatura, il congegno di scatto, il congegno di espulsione, il dispositivo di smontaggio della culatta, il dispositivo di arresto in apertura della culatta e il dispositivo di ritegno del caricatore.

- Canna, costruita in acciaio speciale, con sei rigature destrorse a passo costante (250 mm), blocco di chiusura nella parte inferiore.

I tiratori scelti (sniper)

Gli Incursori Tiratori Scelti sono formati direttamente al RAFoS con il Corso Sniper per Forze Speciali. Della durata di 26 giorni, il corso ai propone di qualificare il personale Incursore quale "Operatore Sniper FS" attraverso un addestramento specifico rivolto all'impiego di team sniper sia in azioni dirette indipendenti che come supporto di fuoco in azioni dirette condotte da una Special Operations Task Unit. Per tale attività addestrativa il Reggimento si avvale di poligoni nazionali ed esteri di caratteristiche idonee. Ben lungi dall'essere semplicemente gli specialisti del tiro di precisione a lunga distanza, gli Sniper vengono impiegati spesso anche quali elementi avanzati di un dispositivo e operano isolati, enucleati dal Distaccamento Operativo per fornire in maniera occulta informazioni preliminari sull'obiettivo. Sono quindi anche protagonisti delle Ricognizioni Speciali, in grado di trasmettere in modo opportuno i dati raccolti e di ricevere in tempo reale eventuali direttive. La loro presenza occulta li pone nella necessità talvolta di guidare assetti aerei d'attacco, condizione che giustifica l'addestramento all'attività di "emergency CAS" condotto dagli sniper del Col Moschin, alcuni dei quali sono anche in possesso della qualifica FAC. Scambi addestrativi interforze e internazionali contribuiscono infine ad accrescere ulteriormente le loro competenze nello specifico settore. Descrivere chi è lo sniper del 9° reggimento d'assalto "Col Moschin", unica unità di forze speciali dell'esercito italiano, non è cosa facile, visto lo stretto riserbo che avvolge l'intera unità. Il tiratore scelto del 9° reggimento è un soldato professionista di élite in grado di assolvere tutti i compiti assegnati alle forze speciali. In particolare, è chiamato a operare inserito in un distaccamento operativo incursori, unità di base che compone la compagnia incursori, in linea con le modalità di azione proprie delle sole forze speciali, ma in autonomia. Per fare questo, è necessario padroneggiare specifiche capacità operative: navigazione terrestre, movimento occulto in territorio ostile, capacità di valutazione della situazione tattica, comunicazioni radio strategiche e tattiche, osservazione, raccolta e trasmissione di informazioni anche tramite l'ausilio di apparati audio-video-fotografici, capacità di inserzione in ambiente terrestre, aereo e marino (anche subacquea), mimetizzazione e occultamento, sopravvivenza, tiro di precisione fino a 2.000 metri, guida del fuoco aereo, terrestre e navale. Raggiungere tali livelli operativi richiede tempo e dedizione ed è per questo che prima di diventare tiratore scelto, l'incursore deve passare almeno cinque anni come operatore nel distaccamento operativo; se dimostra di possedere le capacità necessarie, potrà frequentare il corso specifico (in Italia, nello stesso reggimento; all'estero in un istituto di formazione accreditato). Una volta qualificato, lo junior sniper sarà parte integrante della sua unità operativa e con essa condividerà tutti gli addestramenti in patria e gli impieghi all'estero. Dopo almeno tre anni di permanenza quale sniper, e qualora ne abbia le capacità, potrà diventare istruttore e curare la formazione e l'addestramento degli altri tiratori. L'attività di sniping non è nuova per il 9° reggimento: erede della tradizioni degli arditi della prima guerra mondiale, il reparto si è occupato di operazioni speciali e di tiro di precisione sin dai tempi delle scarpe chiodate e delle trincee. Il mutare degli scenari operativi e la tecnologia hanno modificato l'impiego e le procedure dei tiratori scelti del reggimento: quello che, per esempio, nel periodo in cui il reparto era impiegato in Libano era un normale sharpshooter (operatore addestrato al tiro di precisione a medie distanze con compiti di copertura del dispositivo sul terreno e armato di fucile H&K G3), attualmente è un tiratore completo e specializzato che ha a disposizione armi ed equipaggiamenti specifici. Dopo il Libano, l'impiego del reparto in Somalia ha ampliato lo spettro di missioni assegnate prevedendone, per esempio, l'impiego anche su piattaforme aeree come gli elicotteri; l'impiego nei Balcani, invece, ha posto l'accento sulle operazioni di countersniping in ambiente prevalentemente urbano; l'Afghanistan e l'Iraq, infine, hanno rappresentato la svolta per i tiratori scelti del 9°, sia in termini di impiego, ampio e continuo, sia in termini di scambi con i colleghi delle forze speciali alleate, sia in termini di risultati raggiunti. Le recenti operazioni di lotta alla pirateria, inoltre, hanno rappresentato l'occasione per affinare tecniche e tattiche nello specifico ambiente. Tutte queste esperienze hanno contribuito a fare dei tiratori scelti del 9° reggimento incursori altamente specializzati e completi, in grado di lavorare congiuntamente con i distaccamenti operativi, come elementi avanzati indipendenti: rappresentano gli occhi e le orecchie del comandante del dispositivo d'assalto e, dalle loro posizioni occulte, devono essere in grado di comunicare, in tempo reale e in modalità discreta, le informazioni acquisite sul bersaglio. A loro può, tra l'altro, essere delegata dal comandante, in virtù della loro posizione privilegiata, la decisione se attaccare l'obiettivo con un intervento diretto delle forze o utilizzare una modalità di tipo "stand off", dirigendo cioè il fuoco terrestre, aereo o navale sul target. Il tiratore scelto del 9° è un soldato professionista di elite in grado di assolvere tutti i compiti assegnati alle forze speciali ed è, quindi, innanzitutto un incursore. La formazione avviene attraverso la frequenza di specifici corsi e scambi addestrativi in Italia e all'estero. I corsi, svolti nelle principali scuole per tiratori scelti dei più importanti Paesi europei e d'Oltreoceano, hanno lo scopo di qualificare il personale non ancora in possesso di specifica qualifica, di specializzarlo. Il 9° reggimento organizza anche un corso per tiratori scelti delle forze speciali (riservato quindi soltanto a operatori in possesso della qualifica di incursore) della durata di sei settimane con la partecipazione di istruttori appartenenti al reparto stesso. Gli scambi addestrativi rappresentano, invece, un importante momento di confronto e aggiornamento per i tiratori che possono così modificare o standardizzare procedure, tecniche e tattiche, nonché visionare e provare nuovi equipaggiamenti e armamenti. Molti dei tiratori scelti del 9° reggimento sono anche operatori specializzati e qualificati nella guida terminale di munizionamento aereo, terrestre o navale su obiettivi specifici nonché coordinatori di assetti in volo durante un'operazione tattica. Questo rende la coppia di operatori (tiratore e spotter) uno Special force joint terminal attack controller (Sfjtac) qualificato e, in virtù del mantenimento di questa qualifica, costantemente addestrato durantel'arco dell'anno sia in Italia sia all'estero. La molteplicità delle missioni assegnate agli sniper del 9° è tale da richiedere moltissimo equipaggiamento specifico: dal sovra vestito mimetico (ghillie suit) ai treppiedi per il tiro in ginocchio e in piedi; dagli zaini per il trasporto dell'arma ai palmari con software balistici su specifiche militari; dalle radio per le comunicazioni criptate agli apparati optoelettronici per la visione diurna-notturna. Come le tattiche, anche l'equipaggiamento si è adattato ai moderni scenari operativi e quello in dotazione riesce a coprire la totalità dei possibili impieghi. La tecnologia ha un peso notevole nei moderni conflitti e l'aggiornamento dell'equipaggiamento a loro disposizione è sempre al passo con i tempi. Nonostante ciò, però, l'addestramento e le procedure operative rimangono incentrate sempre sulla qualità e sull'esperienza degli incursori che rappresentano il vero e proprio elemento che fa la differenza. Le esperienze maturate sia in addestramento sia in operazioni all'estero hanno consentito al 9° reggimento "Col Moschin" di costituire un vero proprio corso per tiratori scelti delle forze speciali. Il corso, riservato a personale esperto in possesso della qualifica di incursore, viene svolto in parte in Italia e in parte all'estero. Articolato su sei settimane molto intense, copre tutte le materie fondamentali per la formazione dello sniper:

- Navigazione terrestre
- Comunicazioni
- Mimetizzazione
- Osservazione del campo di battaglia
- Tiro in posizioni supportate e non
- Cenni di balistica esterna
- Tiro su distanze variabili da 100 a 800 metri
- Avvicinamento occulto al bersaglio
- Tiro su bersagli in movimento
- Test scritto
- Test pratici ed esercitazione finale.

Per ottenere la qualifica di tiratore scelto delle forze speciali, l'allievo deve superare tutte le prove con un punteggio minimo del 75%. L'arma a disposizione degli aspiranti sniper è una carabina a ripetizione ordinaria (bolt action) calibro 308. Winchester. La scelta di tale calibro deriva dal fatto che, non essendo particolarmente pesante, risente degli effetti del vento sul tiro alle lunghe distanze e costringe l'aspirante a valutarne intensità e direzione in maniera molto precisa. L'armamento dello sniper del 9° è a dir poco impressionante. La disponibilità di armi, calibri e tipi di munizioni è vastissima, frutto di attento e approfondito studio da parte del reparto che, oltretutto, investe tempo e risorse in ricerca e sviluppo di nuovi equipaggiamenti e procedure. La dotazione in possesso agli incursori dell'esercito è quanto di meglio il mercato possa offrire. I sistemi d'arma prescelti devono rispondere a precisi requisiti operativi:

- Tiro diurno con ottica con correzioni in centimetri ad alto potere di ingrandimento.
- Tiro notturno con sistemi a intensificazione di luce e termici.
- Possibilità di illuminazione e puntamento infrarosso.
- Dispersione dei colpi, utilizzando munizioni match specificamente ricaricate per il reparto, non superiore al mezzo moa (15 mm a 100 metri).

Arctic warfare 50

L'Accuracy International Arctic Warfare è un fucile di precisione a otturatore girevole-scorrevole progettato e distribuito dalla ditta inglese Accuracy International nel 1980. Di uso comune sia tra i militari che tra le forze di polizia è dotato di un mirino telescopico Schmidt & Bender, di estrema flessibilità e facilità d'uso. L'azionamento a otturatore girevole-scorrevole è un sistema per la chiusura della culatta in carabine o fucili a ripetizione manuale o a colpo singolo, nel quale l'otturatore si muove manualmente prima ruotandolo sul proprio asse e arretrandolo per aprire la culatta ed espellere il bossolo sparato e poi, con movimento contrario, permettere il cameramento di un'altra cartuccia, richiudere la culatta e rendere l'arma pronta allo sparo. Il progetto è quasi unico nel suo genere, essendo un fucile nato e progettato per un cecchino anziché essere un fucile standard al quale sono poi state apportate modifiche e migliorie. L'intero gruppo di sparo è un blocco a sé stante, il gruppo di scatto è ricavato lavorando l'alluminio e il tutto è fissato a 2 scocche di polimero, realizzando un insieme indeformabile in qualsiasi condizione climatica. Il disegno unico del calcio, ambidestro, e la dotazione di un bipiede anteriore e di un monopiede posteriore, lo rende perfetto per i lunghi appostamenti. Numerose sono le varianti, tra cui l'AW50, fucile di precisione anti-materiale camerato per il proiettile .50 BMG (12,7 × 99 mm NATO) che consente ai tiratori di colpire obiettivi a grande distanza con grande precisione, utilizzando munizioni esplosive o incendiarie. Un fucile anti-materiale è un tipo di fucile ideato per arrecare danno a equipaggiamento militare, invece che direttamente ad altri combattenti.

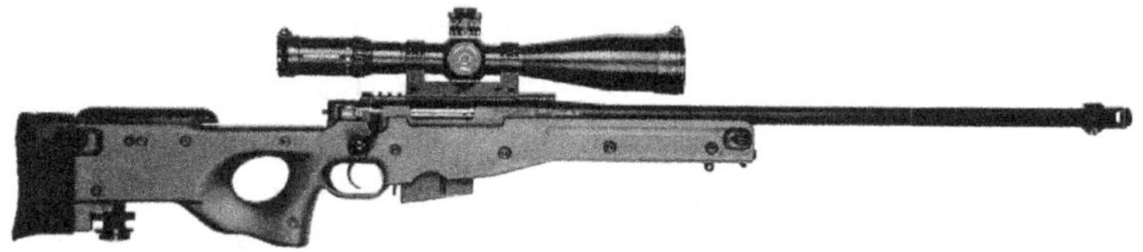

I fucili anti-materiale sono simili in forma e aspetto ai moderni fucili di precisione, e possono essere usati in quel ruolo, anche se usano cartucce più potenti. Di solito sono incamerate in calibri quale il 12,7 × 99 mm NATO (.50 BMG), 12,7 × 108 mm russo, 14,5 × 114 mm russo e vari 20 mm.
Le cartucce di queste dimensioni, oltre a dare la necessaria potenza e gittata, sono anche utili per dotare il proiettile di varie testate, per esempio renderle esplosive, perforanti, incendiarie o una combinazione di queste, ad esempio nel proiettile Raufoss Mk 211. Il rinculo generato dai colpi rende necessario spararle da posizione prona. Per usarli il più efficientemente possibile, sono dotati di bipiede o monopiede e di freno di bocca. Le origini di queste armi data alla prima guerra mondiale, durante la quale furono impiegati i primi fucili anticarro. Seppure i carri armati e altri veicoli corazzati siano ormai imperforabili da questo tipo di armi, i fucili anti-materiale rimangono efficaci contro veicoli poco corazzati. Possono anche essere usati contro velivoli stazionari, piccole navi, attrezzatura da comunicazione, radar, armi operate da equipaggi e bersagli simili. Il valore di queste armi sta nel poter colpire e distruggere con precisione equipaggiamento nemico a distanza ad un costo relativamente basso. Possono anche essere usati in un ruolo non offensivo per distruggere in sicurezza esplosivi. L'arma adotta il sistema di

ripetizione semiautomatica (è necessario incamerare solo la prima cartuccia del caricatore, dopo di che l'alimentazione sarà provveduta meccanicamente dal ciclo di sparo; in tal modo a ogni pressione del grilletto corrisponde la partenza di un solo proiettile e per sparare la cartuccia successiva è necessario esclusivamente rilasciare e quindi tirare ancora il grilletto; il ciclo è garantito fino all'esaurimento delle cartucce) a ricircolo di gas e un freno di bocca (strumento posto sulla volata della bocca di fuoco per redirezionare i gas in uscita) diminuendo così l'alzo della canna e ottenendo un minor rinculo rispetto al modello AW-50 a otturatore girevole-scorrevole e quindi una più veloce acquisizione dei bersagli. Il fucile è facilmente trasportabile, ergonomico e relativamente leggero. Può essere disassemblato in meno di tre minuti e la manutenzione non richiede l'uso di attrezzi specifici. La parte superiore del castello è dotata di una slitta Picatinny integrata per il montaggio di ottiche o altri accessori di puntamento. Altre due slitte, più corte, sono montate sui due lati della copertura della canna per il montaggio di accessori aggiuntivi. Il fucile pesa 14,1 kg vuoto e ha in dotazione un caricatore amovibile monofilare da 5 colpi .50 BMG sovrapposti. La 12,7 × 99 mm NATO o .50 BMG (Browning Machine Gun) è una cartuccia sviluppata per la mitragliatrice Browning M2 verso la fine del primo decennio del XX secolo. Entrata in servizio ufficialmente nel 1921, questa munizione è basata sul forte ingrandimento della cartuccia .30-06 ed è stata prodotta in molte varianti e generazioni tra cui: incamiciata in metallo, tracciante, perforante, incendiaria, ad abbandono di involucro e decalibrata. Le cartucce da utilizzare con le mitragliatrici sono unite tra loro con una maglia metallica.

Le principali caratteristiche sono:

- Lunghezza totale: 1.420 mm.
- Lunghezza canna: 686 mm.
- Tiro utile: 1.000-1.500 metri.

Hecate II

Noto anche come FR-12,7 è prodotto dalla società francese PGM Précision con un calibro 12,7 x 99 mm NATO. E' dotato di un bipiede anteriore regolabile e di un monopiede posteriore, a scomparsa pieghevole, per la massima precisione; la canna è dotata di un alto rendimento ammortizzante che riduce il rinculo. Il calcio è anche regolabile. E' usato come fucile anti-materiale per la demolizione a lunghe distanze a causa della sua incredibile potenza, che gli conferisce la capacità di penetrare veicoli ed edifici e per la distruzione di ordigni inesplosi a distanza di sicurezza.

- Lunghezza totale: 1.380 mm
- Lunghezza canna: 700 mm
- Peso (scarica): 13.800 grammi
- Lunghezza canna: 700 mm
- Passo Rigatura: 1:15" (381 mm)
- Peso di scatto: 2.000 grammi

Barrett M 107

Il fucile M107 Barrett è un fucile semiautomatico a recupero di gas, prodotto dalla Barrett Firearms Company; si tratta di un fucile di precisione anti-materiale in calibro 12,7 × 99 mm NATO. Grazie alla lunga gittata e la disponibilità di munizioni altamente efficaci, l'M107 si rivela molto efficace contro obiettivi come stazioni radar, camion, aerei ed elicotteri parcheggiati, ma può essere usato per colpire soldati distanti o dietro protezioni; tuttavia il compito anti-uomo non s'addice all'M107, come del resto neppure a qualsiasi altro fucile cal 12,7 x 99 mm. Dati peso e dimensioni, non è adatto per impieghi a corto raggio o di ingaggio istintivo. È' spesso confrontato con il fucile di precisione Gepard M1, antimateriale e di potenza paragonabile. Grazie alla cartuccia di produzione più recente, il fucile ha ulteriormente incrementato la sua portata e precisione a discapito del potere d'arresto.

L'arma si compone di tre gruppi:
- Gruppo castello superiore, che si compone di: castello superiore in cui alloggia e scorre la canna, la chiave e le molle della canna; maniglia di trasporto, congegno di puntamento a visuale libera con tacca di mira graduata da 300 a 1200 metri e supporto per ottica.
- Gruppo otturatore composto da corpo dell'otturatore e testa dell'otturatore con estrattore ed espulsore.
- Gruppo castello inferiore che si compone di: castello inferiore, calciolo, molla di recupero, impugnatura con meccanismo di scatto, bocchettone di alimentazione, serbatoio e bipiede.

Il fusto del fucile è composto da due parti, superiore e inferiore, stampato in lamiera d'acciaio e collegati da cross-pin. La canna è scanalata per migliorare la dissipazione del calore e risparmiare peso. Sulla volata presenta un freno di bocca di grandi dimensioni che nelle prime versioni era di sezione rotonda con due fori per lato mentre i successivi modelli sono equipaggiati con un freno sempre a due fori per lato ma di sezione rettangolare in grado di ridurre lo sforzo di rinculo del 65%. Tutti i fucili della serie M107 sono dotati di maniglia pieghevole per il trasporto e di un bipiede anch'esso pieghevole. Nell'M107 è anche presente un monopiede situato sotto la calciatura, mentre la parte terminale del calcio è dotata di ammortizzatore di rinculo a molle. Data la sua gittata massima, è dotato di un'ottica a 10 ingrandimenti con reticolo Barrett graduato da 500 a 1.800 metri con riferimenti per la correzione di puntamento in caso di vento, fino a 10 miglia orarie. Il fucile viene trasportato smontato in due parti ed è assemblato e pronto al fuoco in meno di un minuto grazie all'inserimento di solo due perni.

- Lunghezza totale: 1.450 mm
- Lunghezza canna: 737 mm
- Peso (scarica): 14.000 grammi
- asso rigatura: 1:15" (381 mm)
- Peso di scatto: 2.000 grammi

Sako Trg42

I Sako TRG sono dei fucili di precisione sviluppati dall'azienda di armi da fuoco finlandese Sako di Riihimäki. Il Sako TRG-42 è stato progettato per sparare munizioni .300 Winchester Magnum e .338 Lapua Magnum e quindi ha una canna di serie più grande. I fucili sono disponibili con colorazioni verde oliva, tan, terra scura o nero, e sono disponibili anche con un calcio pieghevole. Per ridurre rinculo, sobbalzo e fiammata, sono normalmente montati dei freni di bocca. Generalmente i TRG sono equipaggiati con dei mirini telescopici Carl Zeiss o Schmidt & Bender, con potenza fissa di ingrandimento o con ingrandimento variabile; vari altri tipi di mirini telescopici possono essere utilizzati se l'operatore vuole maggiore flessibilità per sparare a diversi livelli, o quando è richiesto un ampio campo visivo. Il sistema TRG è quasi l'unico a essere progettato fin dall'origine come fucile da cecchino, piuttosto che come una versione adattata allo scopo di un fucile polivalente già esistente. I fucili possono avere una finitura opaca fosfatata o manganese. Il cuore del TRG è un sistema castello - canna forgiati a freddo; entrambi forniscono la massima resistenza al peso minimo, con ottima resistenza all'usura. L'otturatore di "resistenza libera" ha tre alette massicce e richiede una rotazione di 60 gradi e 98 millimetri. Il manubrio è di lunghezza appropriata e mette in mostra una grande manopola bulbosa sintetica che fornisce una presa stabile e sicura. Sulla parte superiore del castello sono posizionati dei binari con fori con forma di connessione per il fissaggio di diversi tipi di mirini, ottici o elettro-ottici. La canna dei TRG è fabbricata interamente in acciaio inox; questo favorisce l'utilizzo di tutte le cartucce disponibili, nonostante la loro diversa lunghezza, scanalatura di taglio e velocità di torsione. Le cartucce .260 Remington, .308 Winchester, .300 Winchester Magnum e .338 Lapua Magnum sono utilizzabili con canne di lunghezza comune per i fucili da cecchino e relativamente brevi (510 millimetri).

Per utilizzare i .260 Remington si utilizza un non-tradizionale 203 millimetri (1/8 pollici) che possiede il tasso di torsione destra ottimizzato per stabilizzare più lungo. Il TRG-22 può essere ordinato "bombato" per la cartuccia .260 Remington a partire dal maggio 2011. L'introduzione del .260 Remington (6.5x51 mm) non introduce grandi cambiamenti tecnici per il sistema TRG in quanto il .260 Remington ha essenzialmente un collo lungo 6,5 mm, variante della cartuccia .308 Winchester

(7.62x51 mm), il che significa che queste cartucce possono essere utilizzate in fucili a camera unica che richiedono diversi tipi di canna.

- Lunghezza totale: 1.200 mm
- Lunghezza canna: 690 mm
- Peso (scarica): 5.300 grammi
- Passo rigatura: 1:10" (254 mm)
- Peso di scatto: 1.500 grammi

Da poco tempo, il 9° reggimento ha iniziato una collaborazione tecnica con la Fiocchi munizioni. Alcuni tiratori del reparto si sono recati nella sede di Lecco per collaborare con i tecnici dell'azienda. Per l'assemblaggio di queste cartucce, non vengono utilizzate le classiche linee di caricamento per le munizioni commerciali, ma torrette a singolo stadio maneggiate da operatori specializzati che producono al massimo mille cartucce al giorno, una quantità modesta per un'azienda quale la Fiocchi, ma lo scopo finale di questa particolare linea produttiva è fornire agli operatori del 9° un prodotto senza compromessi e di livello assoluto, per garantire interventi mirati di tipo "chirurgico" in situazioni tattiche super specializzate. I bossoli sono di produzione Fiocchi come anche gli inneschi, mentre sulle polveri utilizzate per il caricamento, i tecnici non si "sbilanciano", anche se si è saputo che vengono utilizzati propellenti di varie aziende, studiati per le esigenze particolari degli sniper, come, per esempio, ridurre la vampa di bocca; di volta in volta si sceglie la polvere in base alle migliori prestazioni globali mostrate dai lotti disponibili. Anche per quanto riguarda i proiettili, la Fiocchi ha scelto quello che considerava il meglio sul mercato, puntando alle Sierra Match king di 175 grs per il .308 Win e alle Lapua Scenar di 300 grs per il .338 Lapua magnum. La cartuccia finita è sottoposta a severi controlli qualità: lunghezza massima; cameratura minima, grazie all'ausilio di particolari strumenti; concentricità, garantita in un range massimo di 6 centesimi di millimetro. Per ogni lotto che esce dalla fabbrica vengono certificate e garantite rosate di mezzo moa sino a 700 metri per il .308 e rosate sino a 0,80 moa per il .338 sino al limite del chilometro. Anche per il confezionamento, la Fiocchi ha puntato su un packaging

antiurto con celle in plastica rigida e fornendo la confezione finale in busta di polietilene neutro trasparente con sigillo sottovuoto, per eliminare completamente eventuali influenze negative di umidità e altri agenti atmosferici di sorta. Un particolare interessante è quello dell'innesco crimpato per la cartuccia .308 che, essendo destinata al Mark 11 semiautomatico, elimina completamente i rischi derivati da eventuali disassemblaggi accidentali durante il fuoco con i relativi problemi di malfunzionamento dell'arma (come è successo in Francia durante le prove di una nota munizione svizzera durante i test con l'H&K 417).
Tutte le palle utilizzate per il caricamento delle munizioni Fiocchi Exo sono controllate entro limiti strettissimi di concentricità con strumenti di elevatissima precisione non disponibili sul mercato civile.

Anche il controllo del peso unitario fa parte del processo di confezionamento della cartuccia. I macchinari per il controllo sono di elevatissima precisione e non disponibili per la ricarica domestica.

Tutte le ogive sono verificate per la larghezza massima con micrometri di precisione a interfaccia digitale.

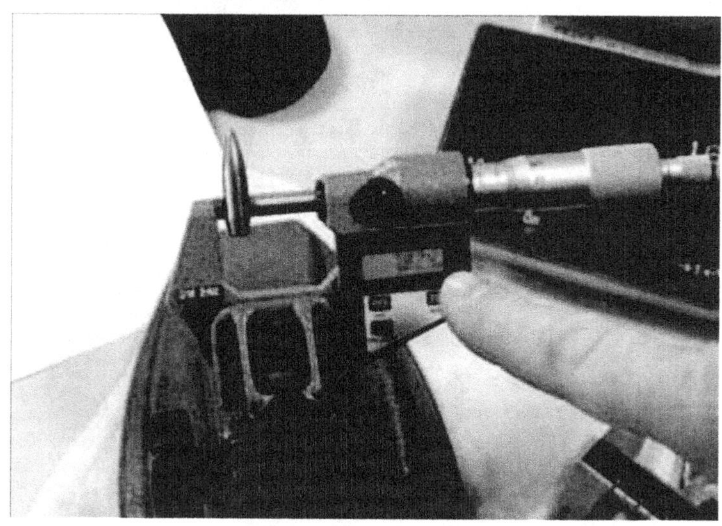

Anche le misure interne del bossolo sono verificate con un comparatore prima dell'introduzione nella linea di caricamento.

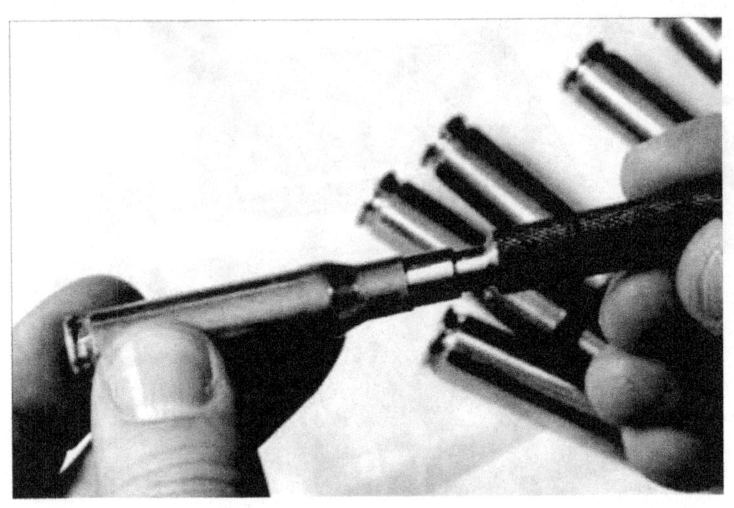

Niente viene lasciato al caso: perfino il peso degli inneschi è verificato alla pesa elettronica.

Ogni colpo assemblato è controllato nella concentricità con controllo manuale, un sistema non economico, ma che assicura una eccezionale qualità finale del prodotto.

Ogni colpo è caricato con torretta monostadio e la quantità caricabile per unità di tempo non raggiunge i quantitativi di quella industriale classica, ma la precisione finale risulta incredibilmente superiore. Appena terminata la sessione di tiro, ogni operatore verifica che l'arma sia scarica ed effettua lo smontaggio primario. Poi, inizia la pulizia, passando nella canna uno scovolo di rame bagnato con olio solvente Kg-1 per 6-7 volte, facendo ben attenzione a far uscire ogni volta lo scovolo dal vivo di volata. Fatto ciò, si asciuga completamente la canna con pezzuole di tessuto fino a che non escono completamente bianche. Successivamente, bagna uno scovolo in nylon con olio sramatore Kg-12 e lo passa per due volte nella canna. Dopo aver

fatto agire il liquido per circa 20-30 minuti, asciuga la canna
completamente. Se sono ancora presenti residui di rame sulle
rigature della canna, prosegue passando nuovamente lo scovolo
in rame con il Kg-1 per 4-5 volte. A questo punto, l'operatore
asciuga definitivamente la canna e passa una pezzuola
impregnata di olio protettivo Kg-4. La pulizia sul campo,
invece, viene effettuata passando più volte il bore snake
(funicella di tessuto contenente piccole spazzole di bronzo)
all'interno della canna.

Task Force 45

La Task Force 45 (TF-45) è un'unità militare combattente interforze di Forze speciali italiane, operante, almeno dal giugno 2006, in Afghanistan, nell'ambito dell'Operazione "Sarissa" dell'ISAF (International Security Assistance Force). Secondo Gianandrea Gaiani, esperto militare e Direttore di Analisi Difesa, la TF-45 "costituisce la più grande unità di forze speciali mai messa in campo dall'Italia dai tempi dall'"Operazione Ibis" in Somalia". La TF-45 ufficialmente non è riconosciuta dallo Stato Maggiore della Difesa che, tuttavia, ne è comandante supremo e ne coordina le operazioni attraverso il COFS. I soldati dell'unità, infatti, non sono neanche conteggiati nel contingente italiano dei 3.880 militari (al 26 giugno 2011) schierati in Afghanistan, motivo per cui il numero degli effettivi della TF-45 è ancora sconosciuto (sono stimati circa 200 soldati, ma la cifra è incerta).

La TF-45 è composta da militari provenienti da tutte le unità delle Forze Speciali italiane (FS - TIER 1) e delle Forze per le Operazioni Speciali(FOS - TIER 2). La TF-45 ha come supporto operativo per i trasporti le Unità di Supporto Operativo per Operazioni Speciali (SOOS), mentre come supporto operativo per le trasmissioni, communications security (comsec), le seguenti Unità: Joint Task Force C4 (JTF C4), dipendente dalla Sub Agenzia di Ridistribuzione (SAR), di base al Provincial Recostruction Team (PRT) di Herat.

La TF-45 a livello funzionale (italiano) dipende dal Comando Interforze per le Operazioni delle Forze Speciali (COFS). A livello operativo dal Joint Special Operations Task Group "Condor-A" (JSOTG "Condor-A"). A livello operativo NATO esistono sul territorio dell'Afghanistan altre unità militari combattenti di Forze speciali:

- Task Force 45 (Italia) nel territorio del Regional Command "West" (RC-W).
- Task Force 47 (Germania) nel territorio del Regional Command "North" (RC-N).
- Task Force 49 (soldati di JW Grom) (Polonia) nella Provincia di Ghazni e nei territori del Regional Command "East" (RC-E).
- Task Force 50 (soldati di JW Komandosów) (Polonia) nella Provincia di Ghazni, Provincia di Paktika e nei territori del Regional Command "East" (RC-E).
- Task Force 444 (Regno Unito) nella Provincia di Helmand.
- Task Force 66 (Australia) nelle Province di Oruzgan e di Qandahar.

La TF-45 e composta da due "Task Unit":
1. Task Unit "Alfa" (TU-A) con base a Herat.
2. Task Unit "Bravo" (TU-B) con base a Farah.

Le "Task Unit", a loro volta, sono formate da più "Distaccamenti Operativi"; quelli conosciuti sono:
- Distaccamento Operativo Incursori "Condor 34" - 9° Reggimento d'Assalto Paracadutisti "Col Moschin" (Esercito Italiano).
- Distaccamento Operativo Incursori "Caimano 69" - Raggruppamento Subacquei e Incursori "Teseo Tesei" (Marina Militare).
- Distaccamento Operativo Incursori "Icaro 30" - 17° Stormo Incursori (Aeronautica Militare).
- Distaccamento Operativo Carabinieri "xxx ##" - Gruppo Intervento Speciale (Arma dei Carabinieri).

- Distaccamento Operativo Ranger "xxx ##" / Sezione Ranger - 4° Reggimento Alpini Paracadutisti "Monte Cervino" (Esercito Italiano).

La TF-45 dispone di due basi:
1. Base di Supporto Avanzata "Camp Arena" / Forward Support Base (FSB) "Camp Arena", di Herat, Afghanistan, dove è dislocata la Task Unit "Alfa" (TU-A) e il Comando della TF-45.

2. Base Operativa Avanzata "El Alamein" / Forward Operative Base (FOB) "El Alamein", di Farah, Afghanistan, dove è dislocata la Task Unit "Bravo" (TU-B).

Il 9 agosto 2009 un incendio divampò e distrusse la Base della TF-45 a Farah, che si trova all'interno di una base statunitense. Le fiamme attecchirono alla riservetta munizioni, che esplose. Le schegge colpirono almeno due elicotteri statunitensi mentre altre bucarono i serbatoi di carburante. Il sindaco di Farah arrivò con un'autopompa per aiutare le truppe NATO. La causa dell'incendio venne individuata in un malfunzionamento di un generatore elettrico. La TF-45 opera con le tecniche precipue delle Forze speciali per l'espletamento dei "classici" compiti delle stesse. Inoltre, la TF-45 essendo un "comando nazionale interforze "land oriented" (operazioni speciali terrestri) di cui fanno parte gli operatori delle forze speciali di tutte le Forze Armate, delle unità Ranger del 4° Reggimento Alpini Paracadutisti "Monte Cervino" (Forze per le Operazioni Speciali Italiane) e da assetti specialistici, a seconda delle esigenze" è chiamato a "creare un ambiente sicuro in Afghanistan, attraverso tutta la gamma delle operazioni speciali".
Altresì, i compiti di "search and destroy" di obiettivi sensibili (sia luoghi che persone).
I comandanti del JSOTG "Condor-A" sono stati:

- Da giugno 2006 al 2008: colonnello fanteria paracadutista Ruolo Speciale Germano Sarsale, del 9° Reggimento d'Assalto Paracadutisti "Col Moschin" -

Comandante del JSOTG "Condor-A" già in data 5 gennaio 2008.

- Dal 2008 al 2009: tenente colonnello esercito Ruolo Normale Giosuè Silvestro Marzocchella, Comandante del JSOTG "Condor-A" già in data 27 settembre 2008.

- Dal 2009 al 2009/2010: colonnello fanteria paracadutista Ruolo Speciale Germano Sarsale del 9° Reggimento d'Assalto Paracadutisti "Col Moschin" - Comandante del JSOTG "Condor-A".

- Dal 2009/2010 a oggi: tenente colonnello Esercito Ruolo Speciale Giovanni Sidoni - Comandante del JSOTG "Condor-A"

La Task Force 45 è l'élite delle nostre forze speciali.
Ufficialmente non esiste, soldati invisibili che non sono neppure conteggiati nel contingente dei 3.500 uomini schierati in Afghanistan e nella provincia di Herat dove hanno il comando gli italiani della brigata alpina Taurinense del generale Claudio Berto. I fantasmi della Task Force 45 sono incaricati di bloccare le incursioni dei talebani dal confine pakistano e dalla turbolenta provincia dell'Helmand. Ma sono anche in prima linea a nord, nella vallata di Bala Murghab e ancora più su, quando ci si avvicina alle vette acuminate al confine con il Tagikistan e l'Iran. Quanti sono? Forse 200, selezionati tra le fila del 9° Reggimento d'assalto paracadutisti Col Moschin, eredi degli Arditi del Grappa della prima guerra mondiale, e integrati da incursori della Marina del Comsubin, carabinieri del Gis e forze speciali dell'Aviazione. Sono militari addestrati alla sopravvivenza in ogni condizione, anche in quelle più estreme e disumane, dove le facoltà mentali e nervose devono essere pari almeno a quelle fisiche. All'insaputa di gran parte degli italiani, gli uomini della Task Force hanno partecipato, in stretto coordinamento con le altre forze alleate, a scontri importanti e sanguinosi. A Farah sono schierati da quattro anni: è una delle zone più insidiose sotto il comando italiano. Qualche tempo fa uno degli ufficiali della Task Force ci squadernò davanti la

mappa: «A ovest ci sono la provincia di Helmand e il confine pakistano, appena oltre c'è Quetta dove la Shura, l'assemblea dei capi talebani in esilio in Pakistan, decide le operazioni contro la Nato. Nell'avanzata dall'Helmand e proseguendo verso Nord i talebani incontrano i marines americani e i paracadutisti inglesi. Poi puntano più a est, in direzione di Kandahar. Per infiltrarsi verso le province occidentali sono obbligati a infilarsi nel deserto di Farah, un passaggio obbligato». Tutte le guerre hanno una loro vita segreta e quella degli incursori della Task Force è una delle meno conosciute. Nel tentativo di raccontare le strategie e le forze profonde che animano un conflitto spesso sfuggono aspetti essenziali della realtà quotidiana. «Bombe, trappole esplosive, anche rudimentali - spiegavano gli esperti della Task Force - sono insidie micidiali e a volte la tecnologia non basta. Se i talebani impiegano ordigni elettronici sofisticati per far saltare una bomba, abbiamo i mezzi per anticipare la minaccia. Ma con una semplice miccia o una mina a pressione aggirano anche i detector più sofisticati».

Questo è il problema della guerra asimmetrica.

Il caricatore di un kalashnikov a breve distanza può abbattere un elicottero da milioni di euro, una bomba improvvisata da pochi soldi distruggere un veicolo blindato come il Lince.

Fu così anche la guerra contro i sovietici. Qualche tempo fa gli uomini della Task Force 45 si acquartierarono nel fortino di Delaram, un avamposto dalle mura sbreccate dove negli anni Ottanta stava l'Armata Rossa: da qui partono gli incursori per tenere a bada gli insorti di Bakwa nel distretto di Bala Baluk. Un crocevia strategico ai piedi del Gulistan, un'area dal nome poetico, il Giardino dei Fiori, che oggi per noi ha il suono cupo della tragedia.

(Fonte: Il Sole 24 ore)

Comando Subacquei e Incursori - COM.SUB.IN.

Il Comando Subacquei e Incursori, conosciuto anche con l'acronimo di COM.SUB.IN., il cui nome ufficiale è Raggruppamento Subacquei e Incursori "Teseo Tesei", è il Raggruppamento della Marina Militare incaricato di svolgere le operazioni di guerra non convenzionale in ambiente acquatico e di difesa subacquea. Inoltre il COM.SUB.IN. attraverso il suo Gruppo Scuole è l'unico ente dipendente dal Ministero della Difesa autorizzato in Italia al rilascio di brevetti e qualifiche subacquee militari.

Il Raggruppamento ha sede nei comprensori del Varignano, di Santa Maria e Punta della Castagna, tre piccoli promontori contigui della costa occidentale del Golfo di La Spezia, comprendenti due baie, il Seno del Varignano e il Seno di Santa Maria. Il Raggruppamento dispone anche di alcuni poligoni nelle adiacenze della base, per la effettuazione di attività addestrativa, tra cui l'impiego di armi ed esplosivi. Il Comsubin ha sede nell'antica fortezza del Varignano la cui realizzazione si deve al Magistrato di Sanità della Repubblica Genovese che nel 1656 deliberò la costruzione di un grande Lazzaretto da erigersi sul tale promontorio. Successivamente con l'avvento di Napoleone il Golfo della Spezia veniva dichiarato porto militare e il Lazzaretto passò al servizio della Marina da Guerra francese l'11 maggio 1808. Lì vi si installò la sede del Comando Militare del golfo e della guarnigione e iniziarono gli studi per edificarvi un grandioso arsenale marittimo. Al termine dell'epoca napoleonica il Varignano passò prima sotto il Regno di Sardegna e, successivamente, sotto quello d'Italia divenendo celebre per aver ospitato nel 1862 il Generale Giuseppe Garibaldi. Nel 1888 terminava la funzione sanitaria delle strutture del Lazzaretto per assumere quella di Comando della Difesa Marittima locale e, successivamente, di Scuola del Corpo Reali Equipaggi di Marina per le categoria Torpedinieri e Radiotelegrafisti. Il Varignano è diventata la sede dei Palombari dal 1910, quando la Scuola Palombari sorta a Genova il 24 luglio 1849 vi venne trasferita, e degli Incursori dal 1952, quando venne costituita tale categoria dall'esperienza acquisita dai Mezzi di Assalto della Marina durante il secondo conflitto mondiale. L'Incursore è colui che singolarmente o in piccoli gruppi porta offesa al nemico in modo non convenzionale, cercando di produrre il maggior danno con il minimo sforzo. Se le azioni dei loro predecessori sono state rivolte quasi esclusivamente contro il naviglio nemico alla fonda in vari porti del Mediterraneo, oggi gli Incursori della Marina Militare Italiana sono addestrati ed equipaggiati per affrontare missioni di diverso tipo, contro obiettivi sia navali sia terrestri, sempre però di interesse marittimo. In alcune occasioni, come nelle recenti missioni umanitarie in Somalia e Ruanda, i baschi verdi del Comsubin hanno compiuto azioni di ricognizione, scorta e recupero di personale civile in ambienti di tipo prettamente terrestre, per le quali erano richiesti la professionalità e l'addestramento di militari di carriera dal profilo particolare.

Propulsore di quella che sarà l'epopea dei Mezzi d'Assalto italiani sarà il Maggiore del Genio Navale Teseo Tesei.; grazie alla considerevole esperienza nel settore subacqueo che la Marina possedeva già da oltre 80 anni, il Maggiore Tesei, unitamente al Maggiore Elios Toschi, idearono il "Siluro a Lenta Corsa" (S.L.C.) che fu immediatamente ribattezzato col termine "maiale" dallo spirito toscano di Tesei. Si trattava di un mezzo subacqueo che trasportava una carica esplosiva da oltre 200 Kg, in grado di muoversi sottacqua su brevi distanze, portando due operatori subacquei fin sotto le navi nemiche.

Nel 1938 presso il I° Gruppo Sommergibili si costituì così il Comando dei Mezzi d'Assalto, assumendo il nominativo di copertura Iª Flottiglia MAS, che venne cambiato in Xª Flottiglia MAS nel 1940. Nel settembre di quell'anno venne istituita la prima Scuola Sommozzatori presso il porticciolo di San Leopoldo dell'Accademia Navale di Livorno che fu realizzata e avviata da Angelo Belloni; in questa scuola vennero accentrati ufficiali e sottufficiali provenienti da tutte le categorie per essere addestrati all'uso dei primi autorespiratori a ossigeno, inventati dal Belloni stesso. Lì venivano individuate le peculiarità dei singoli subacquei che determinavano la loro assegnazione al gruppo degli uomini Gamma oppure a quello dei Siluri a Lenta Corsa (SLC). In particolare, coloro che avrebbero dovuto specializzarsi all'uso degli SLC venivano inviati nella base di Bocca di Serchio, sita in un luogo isolato di proprietà della famiglia Salviati, dove in gran segreto si addestravano per poter condurre le eroiche imprese che fecero scalpore in tutto il mondo. Complessivamente, nel corso della seconda guerra mondiale, dal 10 giugno 1940 all'8 settembre 1943, gli uomini dei Mezzi d'Assalto della Regia Marina affondarono o danneggiarono gravemente naviglio da guerra per 72.190 tonnellate e naviglio mercantile per un totale di 130.572 tonnellate. Le prede più significative furono le corazzate Valiant e Queen Elisabeth, colpite nella rada di Alessandria nella notte tra il 18 e il 19 Dicembre 1941.

Gli operatori del G.O.I. sono gli eredi degli uomini della Decima Mas, sviluppatori di tecniche di incursione navale che affondano le proprie radici nella Prima Guerra Mondiale.

La formazione di gruppi di incursione subacquea si ebbe con la Prima guerra mondiale, utilizzando mezzi come i MAS e la Torpedine semovente Rossetti (nota come "mignatta" e dalla quale derivò il Siluro a Lenta Corsa o "maiale"). Precursori delle azioni con i mezzi d'assalto furono Gabriele D'Annunzio, Costanzo Ciano e Luigi Rizzo, che nella notte tra il 10 e l'11 Febbraio 1918, a bordo dei MAS 94, 95 e 96, penetrarono nella baia di Buccari (base della flotta austriaca) per lanciare alcuni siluri e gettare in acqua bottiglie chiuse da nastrini tricolori, contenenti messaggi di scherno verso gli austriaci. E' la famosa "beffa di Buccari", con la quale ha inizio una nuova era nella storia della guerra navale in Italia. L'impresa D'Annunziana era stata condotta con dei MAS, dei motoscafi ai quali era stato applicato a prua un cannone da 57 mm, tre mitragliatrici Colt e siluri su entrambi i lati. Un mezzo adatto a incursioni rapide ma ancora piuttosto convenzionale. Differente era invece il "Grillo" del Capitano di Corvetta Mario Pellegrini, una sorta di mezzo cingolato anfibio dalle caratteristiche uniche. Il Grillo era stato pensato per scavalcare le ostruzioni di reti all'entrata nei porti, e venne utilizzato, tra il 13 e il 14 Febbraio 1918, per penetrare nella baia di Pola. L' impresa non andò però a buon fine e l'intero equipaggio del mezzo venne catturato. Diversa fu invece la sorte dei due "incursori" Paolucci e Rossetti, che il 1 Novembre 1918 portarono a segno l'affondamento della corazzata Viribus Unitis nella base di Pola. Per l'operazione era stata utilizzata la Mignatta, un siluro dotato di un motore propulso ad aria compressa e munito di una testata da guerra al tritolo, attivata con spoletta a orologeria. Questo marchingegno sarà successivamente modificato dai Tenenti del Genio Navale Elios Toschi e Teseo Tesei, portando alla creazione, a fine anni '30, dei Siluri a Lenta Corsa (S.L.C.), che saranno impiegati con successo durante il secondo Conflitto Mondiale dalla Decima MAS, insieme ai Motoscafi da Turismo Modificati (M.T.M.), ai Motoscafi da Turismo Siluranti (M.T.S.) e ai Motoscafi da Turismo Siluranti Modificati Allargati (M.T.S.M.A.).
Teseo Tesei perirà il 25 Luglio 1941 durante l'attacco al porto di Malta, base strategica della flotta inglese nel Mediterraneo; per quell'azione Tesei ottenne la medaglia d'oro alla memoria,

lasciando inoltre in dote al reparto gli studi e le realizzazioni nel campo dei materiali e degli armamenti per operazioni speciali.

In suo onore il COM.SUB.IN. è anche noto con il nome "Teseo Tesei". Fino al 1° luglio 1939, però, non era stato costituito un reparto organico a hoc. In tale data, alla Spezia, nacque la Iª Flottiglia MAS. Il raggruppamento di incursori, che nel 1941, su proposta del C.F. Vittorio Moccagatta, fu rinominato Xª Flottiglia MAS, ottenne notevoli successi in azioni che tuttora sono studiate dalle forze speciali di tutto il mondo, in particolare, riuscendo a infiltrarsi nelle munitissime basi avversarie a Suda (Isola di Creta), Gibilterra, Alessandria d'Egitto. Il 20 settembre 1941 i maiali dello Scirè colsero un discreto successo a Gibilterra, dove riuscirono a minare tre unità navali. Ma la pagina più nota delle azioni dei mezzi d'assalto della Xª Flottiglia MAS nella seconda Guerra Mondiale è senza dubbio quella di Alessandria d'Egitto del dicembre del 1941.

Toccò ancora allo Scirè del Comandante Borghese portare a destinazione i maiali. La notte del 3 dicembre il sommergibile lasciò La Spezia per la missione G.A.3: dopo uno scalo a Leros, in Egeo, per imbarcare gli uomini, il 14 dicembre il sommergibile si diresse verso la costa egiziana per l'attacco previsto nella notte del 17. Ma una violenta mareggiata fece ritardare l'azione di un giorno. La notte del 18, approfittando dell'arrivo di tre cacciatorpediniere che obbligarono i britannici ad aprire le ostruzioni retali, i tre SLC penetrarono nella base per dirigersi verso i loro obiettivi.

- L'equipaggio De La Penne - Bianchi puntò verso la corazzata Valiant. Perso il secondo a causa di un malore, De La Penne trascinò sul fondo il proprio mezzo fino a posizionarlo sotto la carena della nave da battaglia prima di affiorare, essere catturato e portato proprio sulla corazzata.

- Marceglia e Shergat attaccarono invece la corazzata Queen Elizabeth, alla quale agganciarono la testata esplosiva del loro maiale, quindi raggiunsero terra e riuscirono ad allontanarsi da Alessandria, per essere catturati il giorno successivo.

- Martellotta e Marino, con il terzo SLC, costretti a navigare in superficie a causa di un malore del primo, condussero il loro attacco alla petroliera Sagona. Dopo aver preso terra vennero anch'essi catturati dagli egiziani.

Quattro navi furono gravemente danneggiate nell'impresa: oltre alle tre citate anche il cacciatorpediniere Jervis, ormeggiato a fianco della Sagona, fu, infatti, vittima delle cariche posate dagli assaltatori italiani. Un secondo tentativo condotto contro Alessandria nel maggio del 1942 non ebbe esito. Intanto i tedeschi richiesero l'invio di un reparto di Incursori per bloccare i porti del Mar Nero, e cinque barchini siluranti e altrettanti esplosivi con i loro equipaggi si avviarono verso la Crimea a bordo di autocarri. Altri barchini partirono per il nord Africa, dove operarono lungo la costa in appoggio alle operazioni terrestri. Intanto lo Scirè venne affondato davanti ad Haifa: trasportava alcuni uomini Gamma, che dovevano attaccare il porto. A Gibilterra il ruolo dello Scirè venne assunto dal piroscafo Olterra e da "Villa Carmela", basi segrete della X^a Flottiglia MAS in territorio spagnolo, dal quale nuotatori e subacquei uscivano per attaccare le navi in rada, riportando a più riprese notevoli successi, mentre nei porti turchi di Alessandretta e Mersina, il tenete di Artiglieria di complemento Luigi Ferraro, arruolatosi nella X^a MAS, abile nuotatore, riusciva, operando solitariamente, ad attaccare 4 piroscafi provocando la perdita parziale o totale, di 24.000 tonnellate di naviglio mercantile nemico. L'andamento sfavorevole del conflitto costrinse a ridurre progressivamente il numero delle missioni. Dopo l'8 settembre il gruppo militare fu sciolto e parte del personale dello stesso confluì nel neonato corpo denominato Mariassalto (con comandante Ernesto Forza) proseguendo la guerra al fianco degli alleati. Al contempo, però, presso la Repubblica Sociale Italiana, e sotto il "vecchio" nome di X^a Flottiglia MAS, (con comandante il principe Junio Valerio Borghese), altri elementi del reparto incursori della Marina continuarono a operare sotto la bandiera della Repubblica di Salò o R.S.I. L'esito della Seconda Guerra Mondiale, con la sconfitta dell'Italia da parte delle forze alleate, porta allo scioglimento della Decima MAS. Benché le clausole dell'armistizio (Trattato di Parigi del 1947) vietassero all'Italia di ricostituire i propri incursori di Marina, già nel 1948 qualcosa tornava a muoversi. Il Capitano di Fregata Gino Birindelli, Medaglia d'Oro per l'Azione contro il naviglio britannico a Gibilterra nel 1941, aveva, infatti, iniziato a ricostituire, in gran segreto, una nuova cellula di incursori presso la Scuola Sommozzatori di Venezia. Vennero recuperati diversi M.T.S., M.T.S.M.A., Siluri San Bartolomeo (S.S.B.) ed M.T.M.

Nel mentre, anche a seguito della nascente contrapposizione fra il Patto di Varsavia e la NATO, e l'appartenenza dell'Italia a quest'ultima, il nostro Paese poté finalmente tornare a ricostituire i propri incursori di Marina. La Scuola Sommozzatori si spostò da Venezia a Varignano (La Spezia), e vennero istituite la Scuola Gamma e la Scuola Palombari.

Per quanto riguarda i mezzi d'assalto, essi sarebbero principalmente rimasti di provenienza bellica ancora per un ampio lasso di tempo. Gli M.T.S.M.A. vennero modificati, ridenominati M.E.B., e approntati per l'inserimento degli operatori lungo le coste dell'Adriatico orientale, per azioni contro basi navali in Jugoslavia e Albania. Quali mezzi avvicinatori per il rilascio dei mezzi più piccoli, venne approntata la Motosilurante MS 74 e la corvetta APE, in grado di trasportare in coperta alcuni MTSMA. I Siluri San Bartolomeo (una sorta di S.L.C.) vennero migliorati e denominati semoventi di tipo A, e successivamente sottoposti a ulteriori migliorie che ne incrementavano il raggio d'azione, divenendo semoventi di tipo B. Essi vedevano anche un ridimensionamento della carica di prua, a favore della presenza di diversi bauletti esplosivi staccabili applicati allo scafo.

Il concetto operativo sottostante, era la necessità di rilasciare gli operatori a una distanza maggiore dall'obiettivo che in precedenza, e il minor tonnellaggio ma più elevato numero delle unità navali del Patto di Varsavia. Nei primi anni '50 entrò in servizio il semovente di tipo C, in grado di muoversi tanto in affioramento, quanto al di sotto della superficie. Il semovente sarebbe stato rilasciato in corsa da un mezzo avvicinatore, e avrebbe avuto il compito di trasportare nei pressi dell'obiettivo una coppia di operatori equipaggiati con respiratori ARO a circuito chiuso d'ossigeno (era il Modello G50). I semoventi di tipo A, B e C potevano inoltre essere inseriti da un mezzo denominato trasportatore Occulto (TO) e dotato di scivolo poppiero. In questo stesso periodo, più precisamente nel 1952 (dopo la revoca dei vincoli del Trattato), si giunse alla ricostituzione ufficiale del gruppo Arditi Incursori (GRUPP.ARD.IN.) sotto il comando del tenente di vascello Massarini, rinominato l'anno successivo MARICENTR.ARD.IN., i cui membri, oltre alle operazioni in mare, venivano addestrati al combattimento in montagna e alle attività aviolancistiche per consentire all'unità una preparazione in tutti gli scenari di combattimento. A metà degli anni '50 il reparto muta in MARISUB.ARD.IN. divenendo poi MARICEN.SUB.IN. e suddividendo gli Incursori in "Navali" e "Costieri". Nel mentre, un nuovo metodo d'inserimento iniziava a farsi largo nella comunità degli incursori di Marina.

Si tratta dell'aviolancio, che consente agli operatori di saltare direttamente in mare e avvicinarsi all'obiettivo a bordo di piccoli gommoni o altri mezzi. Tutti gli incursori iniziarono a ottenere il brevetto di paracadutista. Migliorarono anche le capacità dei mezzi per l'avvicinameto occulto, quali il BIR 58, che poteva trasportare un pilota e due coppie di operatori armati di bauletti esplosivi, e che consentiva di spezzare le operazioni contro bersagli costieri in più tempi, con una fase di infiltrazione e riposo, attacco ed esfiltrazione (durante le soste, il mezzo sarebbe stato adagiato sul fondo del mare).

Nel 1961, il MARICEN.SUB.IN. divenne COM.SUB.IN. (Comando Subacquei e Incursori) e la distinzione tra Incursori Navali e Costieri decade. Quasi contemporaneamente alla costituzione del COM.SUB.IN., iniziano a comparire i primi trascinatori, apparecchi siluriformi ai quali l'incursore si aggrappava e che erano propulsi da una piccola elica, opportunamente protetta onde evitare incidenti.

Si tratta di apparati tecnici che consentono all'operatore di risparmiare energie preziose durante l'infiltrazione. Allo stesso periodo risalgono anche i TEC monoposto e biposto, una sorta di canoe subacquee che potevano anche essere aviolanciate tramite paracadute estrattore dai portelloni assiali posteriori dei C-119 e C-130, seguite a ruota dagli Incursori che le avrebbero operate. I TEC potevano anche essere rilasciati dallo scivolo posteriore dei Motoscafi per Assaltatori, battelli della lunghezza di 12,40 metri, che entrarono in servizio con il reparto nel 1961. Un'attività meno nota, nel dopoguerra, di alcuni degli uomini che fecero parte della X[a] Flottiglia MAS fu quella di addestramento di unità speciali. Tra questi Fiorenzo Capriotti che addestrò il reparto speciale della marina israeliana, che con le tattiche sviluppate dalla X[a] MAS durante la seconda guerra mondiale affondò, il 22 ottobre 1948 l'ammiraglia egiziana El Amir Faruk. Il 22 ottobre 1992 Capriotti fu insignito dall'ammiraglio Ami Ayalon del grado di comandante onorario della 13[a] Flottiglia (Shayetet 13). Uno strettissimo riserbo circonda oggi i moderni mezzi d'assalto in uso al G.O.I.

Versioni aggiornate dei mezzi sopra descritti fanno sicuramente parte del parco mezzi navali del reparto. I mezzi in dotazione al G.O.I., non dovrebbero comunque differire sensibilmente da quelli impiegati dal SE.A.L. (Sea Air Land) della US Navy, con i quali sono frequenti gli scambi di personale e le attività addestrative. Tra questi mezzi figurano dei grossi motoscafi "ibridi", in grado di navigare in superficie per mezzo di motori termici e sott'acqua, tramite un propulsore anaerobico. Al momento dell'immersione, gli scarichi e le prese a mare sono sigillate e il mezzo scompare sotto la superficie. Tutti i mezzi d'assalto in dotazione al G.O.I. sono ben protetti da sguardi indiscreti, e alla loro uscita per le esercitazioni (che avviene principalmente di notte), tutte le luci delle basi vengono momentaneamente spente. Se i mezzi d'assalto finora descritti vedono un'applicazione quasi esclusivamente a missioni di tipo bellico, occorre non dimenticare come l'impiego in territorio nemico non sia l'unica prerogativa del GOI. Nel 1977, con l'acuirsi della violenza politica in Italia e il moltiplicarsi di azioni da parte di gruppi terroristici islamici nel mondo, l'allora Ministro degli Interni Francesco Cossiga ordina la formazione delle Unità Interventi Speciali (UN.I.S.) in seno a Carabinieri, Polizia di Stato ed Esercito. Mentre l'Arma dei Carabinieri da vita a un nuovo reparto denominato Gruppo d'Intervento Speciale (G.I.S.) e la Polizia di Stato trasforma il proprio Nucleo Anticommando in Nucleo Operativo Centrale di Sicurezza (N.O.C.S.), l' Esercito delega al compito un'aliquota dell'allora 9° Reparto d'Assalto Paracadutisti "Col Moschin" (oggi Reggimento). La Marina affida la competenza degli interventi antiterrorismo al Team Torre, formatosi alcuni anni addietro all'interno del G.O.I., e che ricalca il modello dello Special Air Service (S.A.S.) britannico, con il suo Counter Revolutionary Warfare Wing (C.R.W.), noto anche come "Pagoda Team". E' da notare come, per buona parte degli anni '70, gli interventi contro le formazioni terroristiche di matrice politica fossero stati principalmente effettuati dagli operatori del COM.SUB.IN., del Col Moschin e, a partire dal 1975, dal Nucleo Anticommando guidato da Andrea Scandurra.

La scelta di dotarsi di un'unità espressamente delegata al salvataggio ostaggi sorge da esperienze precedentemente maturate nello stesso ambito dal Mossad israeliano e dal S.A.S. Nasce quindi nel 1968 all' interno del COM.SUB.IN. il Team Torre, il quale si avvale inizialmente dell'esperienza di istruttori provenienti dal Mossad e dal S.A.S. (i nostri Incursori avevano precedentemente addestrato l'unità inglese in tecniche di guerra non convenzionale in ambito navale). Al Team Torre viene destinato quanto di meglio allora disponibile in termini di armi ed equipaggiamento. Accanto a nuovissime radio individuali e alle maschere antigas e alle tute blu in Nomex prese direttamente dal S.A.S., compaiono le nuove pistole mitragliatrici Beretta PM12 in cal. 9 mm (espressamente ideate per gli Incursori del Varignano) e le pistole Beretta 92S.

Agli operatori non manca una buona dose di inventiva.

Viene intuita la necessità di dotare le proprie armi di sistemi di illuminazione: gli uomini del Team Torre saranno i primi ad applicare con elastici le torce alle pistole mitragliatrici Heckler&Koch MP5 e Beretta PM12 e ad adottare fondine da coscia in cuoio per le armi corte. Sulla scorta di quanto già appreso dalle controparti israeliane, il Team Torre inizia ad addestrarsi per operazioni di liberazione ostaggi all'interno dei voli di linea dell'Alitalia, mentre successivamente iniziano gli scambi con il G.S.G.9 tedesco, reduce dal successo dell'operazione "Magic Fire". Grande enfasi è posta sulle operazioni di salvataggio ostaggi all'interno di tubulari (aerei, treni e autobus) navi e spazi ristretti in generale. Alla sua fondazione, il Team Torre non constatava di personale specificamente dedicato al compito, bensì di un manipolo di operatori specializzatisi in questo particolare tipo di interventi e che, quando di turno, dovevano rimanere a disposizione in sede. In seguito, il Team Torre parteciperà ad attività addestrative e di scambio con diverse unità quali il SAS e il SEAL Team Six della US Navy. Dopo il rapimento di Aldo Moro avvenuto il 16 marzo 1978 da parte delle Brigate Rosse, il Team Torre venne più volte attivato, per effettuare irruzioni in nascondigli ove si sospettava fosse tenuto prigioniero Aldo Moro. Non si esclude che gli operatori abbiano agito affiancati agli uomini dello S.A.S., anch'essi impegnati nell'operazione di individuazione dell'ostaggio nel nord Italia. Gli anni '70 vedono però anche il G.O.I. concentrarsi sulla contro-guerriglia, in un momento nel quale in Italia inizia a circolare il volumetto intitolato "In caso di golpe". Scritto da von Dach, Ufficiale della Milizia Svizzera, il manuale si propone di insegnare all'uomo di strada i rudimenti della guerriglia urbana, sulle orme del manualetto di guerriglia scritto da Ernesto "Che" Guevara nel 1960.

Dopo il rapimento Moro, il volume sarà ritirato dal commercio, ma gruppi di ispirazione marxista continueranno a pubblicarlo e farlo circolare clandestinamente (oggi se ne possono scaricare copie da internet). Dal 2005 operatori del G.O.I. sono distaccati in Afghanistan nell'ambito dell'ISAF e inquadrati nella Task Force 45. In riconoscimento del valore dimostrato dagli "Uomini dei mezzi d'assalto" della Marina militare sono state concesse:

- Allo stendardo della X^a Flottiglia MAS e successivamente alla bandiera del Raggruppamento Subacquei e Incursori della Marina Militare: Medaglia d'Oro al Valore Militare.
- Al personale dei "Mezzi d'Assalto" della Marina Militare (alla memoria o ai viventi):
  - 29 Medaglie d'Oro al Valore Militare
  - 104 Medaglie d'Argento al Valore Militare
  - 33 Medaglie di Bronzo al Valore Militare

Altissimo senso del dovere, abnegazione, dedizione generosa e totale all'assolvimento dei compiti, costituiscono oggi come allora l'essenza stessa del retaggio, della tradizione, della eredità morale degli operatori di COM.SUB.IN e dei Mezzi d'Assalto della Marina Militare Italiana.

Teseo Tesei

Teseo Tesei nasce a Marina di Campo nell'isola d'Elba, ultimo rampollo di una nidiata di 8 figli. Dalla Marina di Campo e dal nonno armatore eredita la passione per la vela. C'è una sua foto, sulla nave Amerigo Vespucci, ritto in cima alla "formaggetta" dell'albero maestro, sul punto più alto della nave, a braccia spalancate come ali, librato nell'aria come un gabbiano.
Fin dall'ingresso in Accademia ha un chiodo fisso: vincere la guerra che gli verrà ordinato di combattere. Con l'aiuto di Elios Toschi, altro ingegnere navale di prim'ordine, ripensa alla "Mignatta" di Rossetti e Paolucci; il concetto ispiratore fu questo: partendo dalla Mignatta, mirò ad arrivare a costruire un'arma che avesse su quella importanti vantaggi, che permettesse cioè, a due uomini, di vivere, navigare, dirigersi contro un bersaglio e attaccarlo liberamente sott'acqua.
Ma Tesei che della guerra non "discorreva" ma "ragionava", ebbe un'altra idea geniale, che certamente riveste un'importanza ancora maggiore della "rielaborazione" della Mignatta e che contribuì allo sviluppo all'idea del Siluro a Lenta Corsa (S.L.C. meglio conosciuto come Maiale). Esisteva, all'epoca, un autorespiratore a ossigeno a ciclo chiuso, chiamato maschera "Davis", che veniva utilizzato per le fuoriuscite dell'equipaggio da sommergibili sinistrati. Tale autorespiratore, che aveva causato diversi incidenti (incidenti che avevano scosso la fiducia nell'uso dell'apparecchio stesso da parte del personale sommergibilista), aveva una scarsa autonomia e un'ancora più scarsa affidabilità. A questi problemi lavorava il Comandante Angelo Belloni, nato a Milano nel 1882, in servizio nel 1940 alla Direzione dei corsi e alla consulenza tecnica di una "Scuola Sommozzatori" istituita a Livorno. Questi, con l'aiuto di Tesei, portò l'autonomia dell'autorespiratore da venti minuti a qualche ora e soprattutto lo rese più affidabile: nel luglio 1936 venne approvato l'autorespiratore a lunga autonomia 49/bis.
Tesei vide nell'autorespiratore a ciclo chiuso il tipo di operazione che, nella prima guerra mondiale, Rossetti e

Paolucci avevano, con successo, condotto contro la Viribus Unitis. Egli pensò che, ora che l'uomo poteva andare sott'acqua, sott'acqua doveva andare la Mignatta. Tesei morì il 26 luglio 1941, nello sfortunato tentativo di forzamento di La Valletta a Malta. Il vicegovernatore di Malta, sir Edward Jackson, ricordando l'episodio il 4/10/1941 scrisse: *nel luglio scorso gli italiani hanno condotto un attacco con grande decisione per penetrare nel porto, impiegando MAS e "siluri umani" armati da "squadre suicide" (...). Questa impresa ha richiesto le più alte doti di coraggio personale.*

Barchino saltatore

Il "Barchino Saltatore" era un mezzo navale di superficie costruito per superare le ostruzioni retali che proteggevano i porti e le unità alla fonda. Per permettere ciò, il barchino era dotato, sui lati, di due catene "Galles" continue munite di ganci o ramponi, tese da tre coppie di pulegge ed entro due guide, come i cingoli di un carro armato. Il movimento delle due catene, mosse da un motore elettrico, permetteva al mezzo di aggrapparsi all'ostruzione da superare e progredire quindi su di essa sino a scavalcarla. Lo scafo era interamente in legno, a carena piatta, dal profilo simile a quello dei tanks dell'epoca.
Era lungo 16 metri e largo 3,10 con un'immersione massima di 70 centimetri. L'apparato motore era costituito da due motori elettrici di 5 hp ciascuno, alimentato da una batteria d'accumulatori; la velocità massima, con acqua calma, era di 4 nodi con un'autonomia di circa 30 miglia.
L'armamento era costituito da due lanciasiluri e tenaglie di tipo speciale per armi da 450 mm, munite di cesoie per il taglio delle reti parasiluri. L'equipaggio era composto da quattro operatori.

Barchino esplosivo

Il "Motoscafo Esplosivo" era un mezzo navale di superficie.
Lo scafo, in legno con carena a spigolo a basso "V", era suddiviso internamente da due paratie trasversali, non stagne, delimitanti l'alloggiamento del motore, della carica a prora, e dal posto di pilotaggio all'estrema poppa. La coperta era realizzata

in tela impermeabile nella zona prodiera, e in alluminio in corrispondenza del motore. Le dimensioni del mezzo erano: lunghezza 4,70 metri, altezza 0,65metri; era dotato di un motore a scoppio Alfa Romeo a sei cilindri di 75 hp. La carica di scoppio consisteva in un cartocciere cilindrico contenente circa 300 Kg di Tritolital. Il posto di pilotaggio era sistemato all'estrema poppa, il timone era a razze, simile allo sterzo di un autocarro; il pilota era seduto su un piccolo sedile a sbalzo rispetto allo specchio di poppa e basculante all'indietro per facilitare l'abbandono del mezzo da parte dell'operatore.
In seguito il sedile fu dotato di uno zatterino sul quale il pilota, una volta catapultatosi in acqua, poteva salire per non subire gli effetti dell'esplosione.
L'attacco avveniva nel seguente modo:

- Individuato il bersaglio, a una distanza di circa 500 metri, il pilota lanciava il barchino alla massima velocità dirigendolo verso il centro della nave da attaccare, quindi bloccava il timone, si lanciava in acqua e saliva sullo zatterino.

- Il barchino, urtando sullo scafo dell'obiettivo, affondava e armava il detonatore della carica.

- Lo scoppio avveniva a una certa profondità per ottenere il massimo effetto distruttivo dell'onda d'urto nei confronti della carena dell'unità attaccata.

Durante la seconda Guerra Mondiale furono apportate numerose migliorie e furono costruiti diversi tipi di barchini, mantenendo, però, pressoché inalterato il profilo d'attacco.

Mignatta

La Torpedine Semovente Rossetti (Mignatta) venne realizzata in due esemplari (S.1 - S.2) nell'arsenale di Venezia tra la primavera e l'estate del 1918 su progetto del Cap. Del Genio Navale Raffaele Rossetti. Simile a un siluro, era lunga 8 metri e il corpo cilindrico aveva un diametro di 600 mm; era mossa dalla macchina ad aria fredda di costruzione "Schneider" cui erano state calettate due eliche quadripala. L'aria compressa contenuta nel serbatoio, posto all'incirca al centro dell'arma, alla pressione di 205 ATA, veniva ridotta alla pressione di 130-150 ATA e consentiva una autonomia di circa 10 miglia alla velocità di 2 nodi. L'apparecchio era dotato di due cariche di alto esplosivo, di forma cilindrica in lamierino di acciaio, contenti ciascuna 175 kg di tritolo e dotate di spolette a orologeria con una regolazione massima di 6 ore. Le due cariche erano sistemate una dopo l'altra a proravia del corpo centrale e quella anteriore era provvista di una specie di ogiva troncoconica per facilitare l'avanzamento in acqua del mezzo. Il corpo centrale, rivestito di doghette di legno fermate da numerose cerchiature in rame, conteneva il grosso serbatoio dell'aria compressa.

A poppavia del corpo centrale, era collegata una sezione troncoconica che conteneva la macchina e una piccola cassa esauribile, a mezzo d'aria compressa, per il controllo dell'assetto longitudinale. L'apparecchio era sprovvisto di timone: per modificare la direzione di marcia i due operatori dovevano provvedere ad aumentare la resistenza all'avanzamento sul lato verso cui volevano accostare, protendendo in fuori braccia e gambe. Unico comando per la propulsione era la chiave della valvola di registro per aprire, chiudere o regolare l'afflusso dell'aria compressa dal serbatoio alla macchina. Un congegno di autodistruzione, costituito da una piccola carica con congegno a oroloeria, era sistemata nella sezione poppiera. Gli operatori potevano sedere a cavalcioni del semovente, uno dietro l'altro, ma in tale configurazione, quando in moto, l'apparecchio assumeva un assetto alquanto appoppato e il secondo uomo si trovava immerso sin quasi al collo. Per questa ragione, gli operatori preferivano farsi trascinare dal semovente stando in acqua sui due lati, trattenendosi ad apposite maniglie fissate al corpo centrale. Per il collegamento delle cariche al bersaglio era previsto un sistema a calamita o elettromagnetico, da cui il nome di "Mignatta", anche se nel corso dell'azione che portò all'affondamento della Viribus Unitis, la carica venne assicurata anche con uno spezzone di cima.

Siluro Lenta Corsa (S.L.C.)

Il S.L.C., denominato familiarmente "Maiale", era un siluro adattato a trasportare, a bassa velocità, due operatori muniti di respiratori subacquei autonomi e una carica esplosiva da applicare occultamente alla carena della nave avversaria all'ormeggio. I primi S.L.C. elaborati poco prima dello scoppio della seconda Guerra, erano lunghi 7,30 metri e avevano un motore elettrico di 1,6 hp di potenza; l'alimentazione era fornita da una batteria di accumulatori. La velocità massima era di 3 nodi con un'autonomia di circa 15 miglia alla velocità di 2,5 nodi. Il trasportatore era dotato di timoni di profondità e di direzione, di casse assetto e di strumentazione comprendente una bussola magnetica, un profondimetro, un orologio, un voltmetro, due amperometri e una livella a bolla d'aria per il controllo dell'assetto longitudinale.

Il trasportatore era costituito da tre sezioni:

- Nella prima, di forma arrotondata per favorire la navigazione del mezzo, era collocata la carica (230 Kg circa di Tritolital o Tritolite) con i relativi congegni di scoppio. Tale parte, chiamata testa di servizio, veniva staccata dal resto del mezzo e applicata sotto la chiglia della nave.

- La parte centrale, di forma cilindrica denominata corpo centrale, conteneva le batterie ed esternamente le strutture sulle quali erano ricavati i posti per i due operatori.

- Nella terza, di forma tronco conica denominata coda, era alloggiato il motore e l'armatura che portava le eliche e i timoni.

Vediamo come avveniva l'attacco.

Ci troviamo nell'interno del sommergibile avvicinatore; i nostri apparecchi sono rinchiusi in appositi cilindri a tenuta ermetica, disposti in coperta. Dopo qualche giorno di navigazione raggiungiamo i paraggi della base da attaccare. Saremo messi a mare alla distanza minima possibile dal porto nemico consentita dalle difficoltà naturali e da quelle create dalla difesa avversaria. Appena usciti dal sommergibile, ogni equipaggio estrae il proprio apparecchio dal cilindro ed esegue varie prove per accertarsi che non abbia subito danni durante la navigazione di avvicinamento; se tutto va bene, seguendo le indicazioni luminose della bussola, metterà alla massima velocità dirigendo, con le rotte precedentemente stabilite, verso l'imboccatura del porto. Durante questa fase terremo la testa fuori dall'acqua per orientarci e, per non affaticarci troppo, respiriamo all'atmosfera. Ridurremo la velocità, mano a mano che ci avviciniamo al raggio di sorveglianza delle sentinelle nemiche; se un'imbarcazione in perlustrazione minacciasse di scoprirci, o il raggio di un proiettore in ricerca indugiasse su di noi, spariremo sott'acqua, mediante una rapida immersione nella rotta d'avvicinamento. Ed ecco il nostro maiale urtare contro l'ostruzione retale; ci si passerà sotto se esiste un varco, oppure lo si creerà mediante alza-rete o taglia-rete. Siamo all'interno del porto; a piccolo moto, con appena mezza testa fuori dall'acqua ("quota occhiali"), ci si dirige verso il bersaglio assegnato e di cui conosciamo perfettamente l'ubicazione, e quindi le rotte d'avvicinamento e la sagoma, che abbiamo mille volte studiato sotto tutti i possibili aspetti. Finalmente eccola, la nave che ci è stata assegnata: l'abbiamo individuata. Vediamo la sagoma del nostro bersaglio in risalto contro il cielo. Lo abbiamo sognato per mesi, ci siamo allenati per anni. Questo è il momento conclusivo. Il successo significa la gloria; il fallimento un'occasione unica fallita per sempre. A quota occhiali ci si avvicina fino a una trentina di metri dal bersaglio. Forse vi è qualche luce in coperta; il bagliore di un fiammifero che accende una sigaretta, o qualche nota di canzone dal locale equipaggio, ti ricordano che quel che cerchi di uccidere è cosa viva. Prendi la rotta esatta sulla bussola, poi allaghi la cassa d'immersione e l'acqua si chiude sulla testa. Tutto è freddo, buio e silenzio. Ora sei a profondità sufficiente; chiudi la valvola d'allagamento, metti a lento moto il motore e scivoli in avanti. L'oscurità diventa improvvisamente più fonda: sai che sei sotto al nave. Fermi il motore e apri la valvola che caccerà via l'acqua della cassa d'immersione. Mentre sali metti una mano su, sopra la testa. Ti domandi se incontrerà lamiere lisce o taglienti denti di cane che ti rovineranno le dita o, peggio ancora, faranno a pezzi il tuo vestito di gomma e l'acqua di mare vi penetrerà.

Eccoci contro la carena. Ora spingi il siluro all'indietro, finché il tuo secondo uomo può agguantare l'aletta di rollio larga un paio di spanne, che corre su ciascun fianco della carena di ogni grande nave. Senti un colpo sulla spalla: è il secondo che ha trovato l'aletta e vi sta fissando un morsetto; due colpi sulla spalla: il morsetto è fissato. Avanti ora, per raggiungere l'aletta dell'altro lato. Il secondo sta svolgendo una cima dall'una all'altra. Fissa il secondo morsetto. E ora indietro di nuovo, e con le gambe trattieni il siluro, il tuo secondo viene fuori dal suo posto e, passandoti a fianco, si porta sulla testa del maiale davanti a te. Nel buio tu sai che sta collegando la testa carica alla cima tesa sotto la nave fra le alette di rollio.

Ora la testa è staccata; la spoletta a orologeria, che farà esplodere i 300 Kg della carica fra due ore e mezzo, comincia a scandire i suoi secondi. L'uomo torna al suo posto; tre colpi sulla spalla: tutto fatto. Il lavoro è terminato. Metti in moto il motore, ti sfili di sotto la nave, e dolcemente vieni a galla. Ora puoi pensare a metterti in salvo. Durante la guerra furono apportate numerose migliorie e furono costruiti diversi tipi di S.L.C. mantenendo, però, pressoché inalterato il profilo d'attacco.

La scuola palombari

La Scuola Palombari, venne istituita a Genova il 24 Luglio 1849, su proposta del Generale DELLA BOCCA, Ministro della Guerra e della Marina del Regno di Sardegna. I primi brevetti vennero rilasciati a quei candidati che, dopo un breve tirocinio, riuscivano a superare la prova di tre ore di immersione a poco più di dieci metri. Nel 1869, col trasferimento della Marineria da Genova a La Spezia, la Scuola Palombari fu sistemata a bordo di una Nave della Marina Militare. Dopo alcuni anni trascorsi trasbordando da una Nave all'altra, a seconda delle esigenze della Flotta, la Scuola finì per trasferirsi nel 1911, dalla R.N. ITALIA, al Varignano, ove, salvo un breve intervallo trascorso sulle RR.NN. ELENA e PISA, rimase fino al Dicembre del 1934. In tale anno fu trasferita presso le Scuole CREM di San Bartolomeo, a La Spezia, per congiungersi alle altre Scuole che ivi, da tempo, avevano sede, rimanendovi fino all'8 Settembre 1943. Compito di capitale importanza, svolto dai subacquei della Marina Militare durante il periodo bellico é stato il recupero delle numerose navi affondate, o per il loro ripristino, o per l'urgenza di liberare l'ingresso dei porti e di sgomberare i moli per consentire l'attracco di altre navi. Questo lavoro di notevole complessità, venne effettuato dai nostri Subacquei, superando difficoltà di ogni genere. A guerra finita la Scuola Palombari risorse dalle distruzioni degli eventi bellici e si unì alla Scuola Sommozzatori (sorta durante il conflitto a Livorno). Il nuovo organismo, il centro subacqueo della Marina Militare (MARICENTROSUB), creato con lo scopo di formare, addestrare e impiegare il personale Subacqueo, fu ubicato nel Comprensorio del Varignano. La situazione di allora era veramente tragica: i porti, in particolare quelli situati al Nord, apparivano come un desolante cimitero di navi spezzate sul fondo. Le acque e l'ingresso dei porti erano cosparsi di mine magnetiche e di ordigni esplosivi di qualsiasi genere.

In simile situazione i Subacquei della Marina Militare, come sempre, disponevano solo di un eccezionale senso del dovere.

Con questo spirito, affrontarono e portarono a termine, in breve tempo e brillantemente, i loro compiti, sicché, nel 1949 i recuperi potevano considerarsi pressoché ultimati. A partire da tale epoca, il Centro Subacqueo è stato varie volte ristrutturato e adeguato alle nuove esigenze, e attraverso varie denominazioni ed evoluzioni ha raggiunto l'odierna fisionomia nell'ambito del "Raggruppamento Subacquei e Incursori". Dalla loro istituzione a oggi, la Scuola Palombari prima e la Scuola Subacquei dopo, hanno fatto notevoli progressi. Mentre nel 1849 venivano rilasciati brevetti a chi raggiungeva la profondità di 10 metri, oggi si eseguono corsi per l'impiego dello scafandro normale, di autorespiratori ad aria e a miscele sintetiche a base di azoto/ossigeno, fino alla quota di 60 metri, e per i lavori subacquei fino a 250-300 metri con apparecchiature speciali.

Particolari Nuclei di Subacquei sono dedicati al servizio di disattivazione delle mine e operano da bordo di Unità Cacciamine per la investigazione, la disattivazione e il brillamento degli ordigni. Essi sono stati a lungo impiegati in Golfo Persico (1987) nel Mar Rosso (1984) e in Adriatico nel corso delle operazioni per l'immissione dei Reparti di terra nella ex Jugoslavia (1995/96). Dal febbraio al giugno 1998 un nucleo di operatori è stato impegnato in Albania per la bonifica del Porto di Saseno. Di particolare importanza è l'attività di ricerca e addestramento per fornire assistenza a Sommergibili in difficoltà, un settore molto sensibile, cui sono dedicate non poche risorse. Oggi i Palombari/Sommozzatori impiegano tutti i tipi di apparecchiature di respirazione subacquea esistenti.

Le loro capacità possono essere sintetizzate come segue:

- Immersioni autonome fino a 60 metri con respiratore ad aria.
- Immersione assicurata alla superficie, con l'impiego dello scafandro da Palombaro fino a 60 metri ad aria.
- Immersione fino a 250/300 metri con l'ausilio di impianti integrati imbarcati sulle navi del Gruppo Navale Speciale, con impiego di miscele respiratorie a elio-ossigeno e con tecniche di intervento o in saturazione.
- Soccorso di sommergibili sinistrati con: Campana Mc Cann fino a 130 metri, Minisommergibile fino a 300 metri, immersioni con scafandro rigido articolato (ADS) fino a 300 metri.

E' importante sottolineare che Palombari e Sommozzatori civili italiani, usciti da questa scuola, hanno prestato e continuano a prestare la loro opera in Italia e in ogni parte del mondo, in lavori subacquei di ogni genere, riscuotendo, ovunque incondizionata ammirazione per la loro capacità. Questo personale è tutto volontario, caratterizzato da duro addestramento e da doti di elevatissima professionalità e dedizione, basti pensare all'equilibrio psico-fisico e alle conoscenza richieste agli operatori "IMMERSIONI PROFONDE" che svolgono attività fino a 250/300 metri di profondità. Tutti questi uomini, militari e civili, giudicati tra i migliori subacquei del mondo, sono stati formati presso la Scuola Subacquei della Marina Militare Italiana, le cui tradizioni oltre a costituire preziosissimo patrimonio spirituale e motivo di giusto orgoglio, spronano i nuovi allievi a sempre meglio servire la Patria.

Operazione "Magic Fire"

Il 13 ottobre 1977, le autorità francesi comunicarono il dirottamento del Boeing 737 Lufthansa LH181, in rotta da

Palma di Majorca (nelle isole Baleari) verso la Germania, con a bordo ottantasei passeggeri e cinque membri d'equipaggio (due piloti e tre hostess). Sotto la minaccia di un commando composto da due donne e due uomini, fra cui il Capitano Mahmoud, (leader del commando e in seguito identificato nel noto terrorista Zohair Youssef Akache), l'aviogetto modificò il proprio piano di volo, per dirigersi alla volta dell'Aeroporto Internazionale "Leonardo Da Vinci" di Fiumicino (Roma).

Qui il pilota fu in grado di comunicare il numero dei terroristi a bordo, facendo cadere quattro pacchetti di sigarette sulla pista.

Rifornitosi di carburante, l'aereo riprese quindi il suo viaggio verso l' aeroporto di Larnaca (Cipro), dove atterrò alle ore 20:38 circa, per effettuare un nuovo rifornimento. L'aereo decollò nuovamente, per sorvolare numerosi Paesi mediorientali. A Beirut, il permesso all'atterraggio venne negato per mezzo del blocco delle piste, come anche in Bahrein. L'LH181, trovatosi a corto di carburante, fu in ultimo costretto a toccare terra sull'aeroporto di Dubai, nonostante le proteste delle autorità locali. Intanto i terroristi a bordo esplicitarono le proprie richieste, pretendendo il rilascio dei componenti del gruppo terroristico tedesco Baader-Meinhof, detenuti in Germania.

Mentre si trovava fermo sulla pista, l'apparecchio fu soggetto a un guasto del sistema di ventilazione, che portò la temperatura all'interno dell'aereo a toccare i 49 gradi centigradi. Domenica 16 ottobre, l'aviogetto decollò verso la tappa successiva. Lo stato dell'Oman negò il permesso d'atterraggio e l'LH181 giunse ad Aden (Yemen) con soli dieci ulteriori minuti di autonomia. Nonostante il divieto opposto dalle autorità locali, l'aereo fece il suo atterraggio sulla pista. Il Capitano dell'apparecchio, Jurgen Schuman, fu a questo punto autorizzato a lasciare brevemente l'aereo, onde controllare le condizioni dei carrelli. Ritornato in cabina, venne accusato da Mahmoud di aver comunicato con le autorità locali. Il leader del commando condusse quindi il pilota in prima classe, per ucciderlo con un colpo di pistola. Il giorno successivo, l'aereo, ora comandato dal co-pilota Jurgen Vietor, decollò alla volta dell'aeroporto di Mogadiscio, in Somalia. All'insaputa dei dirottatori, un Lufthansa 707 con a bordo trenta uomini del G.S.G.9 e il suo Comandante Ulrich K. Wegener, aveva nel mentre seguito il volo dirottato fino a Cipro, per poi far ritorno (via Ankara) a Colonia, quale diversivo per i giornalisti e decollare nuovamente dopo due ore. Wegener aveva nel mentre seguito il volo dirottato con un piccolo jet privato e alcuni ufficiali. Nell'apparecchio erano presenti anche Hans-Jurgen Wischenewski (Ministro di Stato dell'allora Germania ovest) e lo psicologo Wolfgang Salewski. Il jet toccò terra a Mogadisio alle 17:30 del 17 ottobre, pochi minuti dopo l'LH181 dirottato.

Dopo aver fatto isolare l'intero aeroporto dalle forze di sicurezza locali, Wegener predispose il dislocamento dei propri tiratori scelti e di unità da ricognizione, iniziando la pianificazione per un eventuale azione di forza. Wischenewski comunicò intanto al leader del commando che la Germania era pronta a rilasciare undici membri della Baader-Meinhof e a trasportarli a Mogadiscio. Mahmoud richiese quindi anche la consegna di 10 milioni di dollari quale riscatto, posticipando la scadenza del suo ultimatum alle 02:45 del 18 ottobre, oltre le quali l'aereo e i suoi passeggeri sarebbero stati fatti saltare in aria. Alle 19:00 del 17 ottobre, il resto della squadra giunse a Mogadiscio, e il briefing per il piano d'attacco ebbe inizio.

Col calar delle tenebre, vista la crescente instabilità del capo dei dirottatori e l'effettivo pericolo corso dagli ostaggi, venne data luce verde per l'intervento. Solo un'ora prima dell'assalto, un team di osservazione tedesco si avvicinò fino a 30 metri dall'apparecchio, localizzando la posizione di due dirottatori per mezzo di strumenti per la rilevazione termica.

Alle 02:05 del 18 ottobre, coadiuvati da due membri dello Special Air Service britannico in veste di osservatori (il Maggiore Alastair Morrison, eroe della battaglia di Mirbat e vice Comandante del S.A.S., e il Sergente Barry Davies), due squadre del G.S.G.9 (composte da dieci uomini ciascuna) iniziarono la manovra di avvicinamento alla coda del velivolo.

Gli operatori effettuarono la progressione a piedi e muniti di scale ricoperte di gomma, le quali furono posizionate in corrispondenza delle entrate. Al fine di allontanare i dirottatori dal punto inizio attacco (individuato nel retro dell'LH181), alle 02:07 vennero accesi dei fuochi a poche centinaia di metri dal muso dell'aereo. Come riportato dalla squadra di ricognizione assegnata alla sezione frontale del velivolo, tale evento provocò lo spostamento di due dei terroristi alla cabina di pilotaggio, ivi compreso il Capitano Mahmoud. Costoro furono trattenuti in cabina dalla torre di controllo, la quale comunicò loro le condizioni per lo scambio degli ostaggi. Pochi secondi dopo, le uscite di emergenza collocate sulle ali dell'apparecchio vennero fatte saltare in aria con cariche a cornice (tubi flessibili con una cavità sul lato, riempiti di esplosivo in grado di tagliare la carlinga di un aereo senza ferirne gli occupanti) e il blitz ebbe inizio. Venti assaltatori guidati dallo stesso Wegener fecero irruzione all'interno dell' aereo, ordinando ai passeggeri di buttarsi a terra. Il gruppo d'assalto si divise immediatamente in due, per occuparsi del fronte e del retro dell'aereo. Un terrorista (una donna), venne abbattuto nel corridoio non appena l'attacco ebbe inizio. Un altro, rifugiatosi nella toilette sul retro, fu ferito da una scarica di MP5, morendo pochi minuti dopo essere stato trasportato fuori dall'aereo. Alle 02:08, due ulteriori team fecero saltare l'entrata anteriore e quella posteriore, iniziando a evacuare gli ostaggi per mezzo degli scivoli di emergenza di quest'ultima. Nel mentre il combattimento si era spostato verso la cabina di pilotaggio, ove si trovava anche il leader dei terroristi, ucciso nei primi secondi di inizio del blitz, non prima di aver lanciato due bombe a mano, detonate sotto i sedili e che ferirono lievemente tre ostaggi e un militare. Il quarto e ultimo dirottatore (ancora all'interno del cockpit dell'aereo) venne abbattuto da diversi colpi di arma da fuoco cal. 38 esplosi dallo stesso Wegener. Quando l'operazione ebbe termine, alle 02:12, tutti gli ostaggi erano stati liberati. Dei quattro terroristi, solamente Suhaila Andraws, benché colpita per ben sette volte dalla squadra d'assalto, sopravviverà al blitz. Sarà detenuta a Mogadiscio per oltre un anno e verrà in seguito rilasciata per recarsi rispettivamente a Baghdad e in Cecoslovacchia, onde curare i postumi delle ferite riportate nello scontro. Rifugiatasi in Norvegia, verrà scoperta solo nel 1993 ed estradata in Germania per esser condannata, nel 1996, a dodici anni di prigione.

Organizzazione

Il COM.SUB.IN è al di fuori della struttura gerarchica di CINCNAV (il Comando in Capo delle Squadra Navale) e dipende direttamente dal Capo di Stato Maggiore della Marina. Oggi il Comsubin è retto da un Ufficiale Ammiraglio dal quale dipendono:

- Il Gruppo Operativo Incursori (G.O.I.), che costituisce l'unico reparto di Forze Speciali della Marina Militare erede degli uomini dei Mezzi di Assalto della Marina.
- Il Gruppo Operativo Subacquei (G.O.S.), il reparto alle cui dipendenze sono posti i Palombari, gli operatori subacquei con le capacità d'immersione più spinte frutto di una tradizione residente in Marina da oltre 160 anni.
- L'Ufficio Studi, il cuore pulsante dello sviluppo tecnologico dei materiali e mezzi utilizzati dagli uomini dei Gruppi Operativi.
- Il Gruppo Scuole, suddiviso nelle scuole Subacquei, Incursori e di Medicina Subacquea e Iperbarica, che oltre a selezionare e formare i nuovi Palombari, Incursori, Medici e Infermieri, ha il compito di addestrare gli operatori subacquei di tutte le Forze Armate e Corpi di Polizia dello Stato.
- Il Gruppo Navale Speciale (G.N.S.), alle cui dipendenze sono poste tre Unità Navali (Aneto, Pedretti e Marino) che sono state progettate per fornire il supporto subacqueo al personale dei Gruppi Operativi e delle Scuole di Comsubin.
- Il Quartier Generale del Raggruppamento, che assicura i servizi e il mantenimento dell'efficienza del Comando al fine di consentire ai Gruppi sopra indicati di assolvere alla loro missione.

Gruppo Operativo Incursori G.O.I.

Il G.O.I., Gruppo Operativo Incursori, consta di 150/200 operativi, ed è il team delegato alle operazioni di sabotaggio ai danni di obiettivi marittimi o costieri, ricognizione, e riacquisizione di piattaforme o natanti. Le attività attuali comprendono tutte le tecniche di attacco non convenzionale a unità navali in mare, in porto e alla fonda, l'abbordaggio di navi, la posa di mine, le infiltrazioni di personale per missioni HUMINT (attività di intelligence consistente nella raccolta di informazioni per mezzo di contatti interpersonali) o di supporto al tiro di artiglierie navali e le missioni di attacco diretto a obiettivi di interesse della Marina Militare.

I compiti assegnati al GOI sono di norma di pertinenza del livello strategico, risultano spesso assai delicati, tecnicamente difficili e politicamente sensibili. I compiti di istituto sono:

- Attacco a unità navale e mercantile in porto o alla fonda con l'impiego di diversi sistemi d'arma a contatto e standoff.
- Attacchi a installazioni portuali/costiere e a infrastrutture civili e militari entro la fascia dei 40 Km dalla costa.
- Operazioni di controterrorismo navale per la liberazioni di ostaggi su unità passeggeri o mercantili e su installazioni marittime.
- Infiltrazione e permanenza in territorio ostile per missioni di tipo informativo e/o di supporto al fuoco navale.

A tale scopo, il personale è interamente professionista e l'addestramento è molto duro, selettivo e approfondito, in modo da garantire elevati standard operativi. Di qui discendono le peculiari capacità individuali degli operatori che devono essere in grado di fornire le seguenti prestazioni:

- Condotta di mezzi navali.
- Assalto a unità navali in porto, alla fonda e in movimento.
- Rilascio da elicotteri con varie tecniche.

- Movimento a terra occulto notturno e diurno e superamento di pareti rocciose.
- Fuoriuscita in immersione da sottomarino.
- Aviolancio con paracadute ad apertura automatica e comandata.
- Impiego delle armi, degli esplosivi e delle cariche speciali.
- Capacità di permanenza occulta su territorio avversario.
- Condotta di autoveicoli di vari tipi e prestazioni.

Fino alla creazione di GIS e NOCS, il Comsubin era l'unica unità italiana addestrata alla liberazione di ostaggi e alla lotta antiterrorismo. Il Gruppo Operativo Incursori è diviso in squadroni a loro volta costituiti da distaccamenti operativi di sei uomini. Per le operazioni navali anche il COM.SUB.IN., come molti altri reparti di incursori di marina occidentali, è solito suddividere i propri operatori in coppie al fine di costituire singole unità operative che garantiscano risultati ottimali.

A fianco ai compiti sopra indicati gli uomini del G.O.I. possono svolgere il ruolo di gruppo acquisizione obiettivi , individuando e " illuminando " con speciali telemetri laser bersagli altrimenti difficilmente rilevabili al fine di consentirne la distruzione da parte di unità dell' Aeronautica o della Marina (tramite missili "da crocera"). Ufficialmente il COM.SUB.IN. non è abilitato alla formazione e gestione di gruppi paramilitari in territorio ostile nonostante la dottrina operativa delle forze speciali N.A.T.O. lo preveda espressamente. Per entrare a far parte del G.O.I. è necessario affrontare una durissima selezione, la quale ha inizio con il Corso Incursori, della durata di una anno. L'attrito è estremamente elevato e, da diverse dozzine di uomini che hanno partecipato al corso, si può arrivare a brevettare anche un solo Incursore. Gli aspiranti devono tutti avere meno di 27 anni e far parte della Marina Militare, inquadrati nel ruolo Marescialli, nel ruolo Sergenti (Capi) e ruolo Truppa in Servizio Permanente (Sottocapi, raramente i Comuni) di tutte le categorie (incluso Infermieri), e il personale in ferma breve triennale per i corsi specificati nel FOM. I requisiti per partecipare al corso sono pubblicati su Foglio D'Ordini Marina (FOM) edito tra i mesi di settembre e dicembre. Gli ampi margini di capacità, flessibilità e autonomia operativa e logistica fanno del GOI uno strumento di grande efficacia nella gestione di situazioni critiche. Gli attuali scenari di conflittualità internazionale e la continua minaccia terroristica richiedono l'intervento di piccole unità non convenzionali, particolarmente addestrate ed equipaggiate. In questo difficile contesto gli Incursori della Marina costituiscono uno strumento agile e flessibile, particolarmente idoneo ad affrontare le sfide mutevoli e ambigue del momento perché in grado di proporre soluzioni concrete e di garantire all'autorità politica un ampia libertà d'azione con un impegno limitato. La loro capacità di soddisfare requisiti politici, militari, economici e psicologici, di operare anche in clandestinità o in condizioni di isolamento, in unità tattiche di ridotta entità numerica, in contesti non permissivi o ostili, e capaci di muoversi in qualunque ambiente, utilizzando tutti i mezzi, gli equipaggiamenti e i sistemi d'arma necessari all'assolvimento della missione, ne fanno un assetto strategico di primo piano.

Gruppo Operativo Subacqueo G.O.S.

Il G.O.S., Gruppo Operativo Subacqueo, è l'unità di palombari e sommozzatori specializzata nella bonifica dalle mine, nella bonifica dai vari ordigni trovati in mare (ad esempio bombe d'aereo inesplose, munizioni, navi cariche di esplosivo), e nel soccorso dei sommergibili e sottomarini. Il G.O.S. conta circa 400 operatori. È compito del G.O.S. anche la difesa subacquea delle unità della MMI in porto, sia tramite interventi anti-sabotaggio nei confronti di eventuali incursori ostili, sia tramite controlli delle carene delle navi per accertarsi dell'assenza di ordigni, sia per svolgere altre operazioni subacquee di rilievo quali ricerca, recuperi o sopralluoghi su aerei o unità civili affondate in seguito a incendi o sinistri. È il punto di riferimento italiano per la dottrina e le attrezzature delle immersioni.
Questo personale è tutto volontario, caratterizzato da duro addestramento e da doti di elevatissima professionalità e dedizione, basti pensare all'equilibrio psicofisico e alle conoscenze richieste agli operatori "Immersioni Profonde" che svolgono attività fino a 250/300 metri di profondità.
Il personale è diviso in due tipologie: il personale imbarcato e il personale basato a terra.

- Il personale imbarcato costituisce i nuclei imbarcati sulle unità del Gruppo Navale Speciale, specialmente su Nave Anteo, sulle unità cacciamine, abilitati O.S.S.A.L.C. ed EOD, e sulle unità maggiori, abilitati O.S.S.A.L.C..
- Il personale basato a terra, invece, costituisce il Reparto Pronto Impiego (RPI) basato al Varignano e i Nuclei S.D.A.I. (Servizio Difesa Antimezzi Insidiosi) presenti nelle basi maggiori della Marina Militare Italiana.

Il corso di formazione e addestramento è molto duro e selettivo, viene effettuato presso il Gruppo Scuole e dura circa un anno; alla fine si ottiene il basco celeste da palombaro e il relativo brevetto con abilitazione all'utilizzo di autorespiratore ad aria (ARA) fino a metri 60 di profondità, autorespiratore a ossigeno

(ARO) fino a 12 metri di profondità, e autorespiratore a miscela (ARM) fino a 54 metri di profondità.

L'unità è nata nel 1954 dalla riorganizzazione di strutture precedenti. La prima scuola palombari italiana nacque a Genova nel 1849. Il G.O.S. è stato utilizzato anche per attività di protezione civile, tra cui l'intervento sulla nave da crociera Costa Concordia naufragata il 13 gennaio 2012 sugli scogli dell'isola del Giglio, con l'apertura di varchi mediante cariche esplosive sulla chiglia semi capovolta, per consentire la ricerca di superstiti all'interno della nave. La struttura del G.O.S. può essere così riassunta :

- Reparto Pronto Intervento: in allerta 24 ore su 24 può in qualsiasi momento essere impiegato per operazioni di salvataggio.
- Reparto di Rincalzo: impiegato quale unità di supporto o sostitutiva in situazioni particolarmente delicate; può essere costituito anche da istruttori o dal personale in forze presso altri enti.
- Nuclei S.D.A.I., Sminamento Difesa Antimezzi Insidiosi, dislocati su tutto il territorio nazionale.
- Sezione Materiale e Personale: rappresenta la componente logistica del G.O.S.
- Sezione Mobilitazione: sua è la redazione delle liste del personale G.O.I. e G.O.S. che può venir richiamato in servizio.

Appare a ogni modo necessario specificare come al G.O.S. non siano delegati compiti offensivi o legati in alcuna maniera alla dottrina operativa propria della guerra "non convenzionale", essendo questi ultimi di esclusiva competenza del G.O.I.

Infatti, le missioni assegnate dalla Marina Militare al Gruppo Operativo Subacquei sono le seguenti:

- Condurre qualsiasi genere di intervento subacqueo, anche in alto fondale, fino a profondità superiori ai 1.000 metri.

- Soccorrere gli equipaggi dei sommergibili in difficoltà mediante le apparecchiature subacquee di Nave Anteo e un nucleo operativo chiamato S.P.A.G. (Submarine Parachute Assistance Group) che ha la capacità di proiettare nell'area del sinistro marittimo attraverso velivoli ad ala fissa o rotante, 10 operatori e i materiali necessari sia ad allestire un campo base galleggiante per il primo soccorso, sia a stabilire le comunicazioni con il sommergibile.

- Effettuare la bonifica subacquea di qualsiasi ordigno esplosivo, convenzionale o improvvisato E.O.D. (Explosive Ordnance Disposal) e I.E.D.D. (Improvised Explosive Device Disposal). Tale attività viene svolta quotidianamente con la neutralizzazione dei numerosissimi residuati bellici che annualmente vengono rinvenuti nelle acque nazionali.

Per le operazioni subacquee più complesse il Gruppo Operativo Subacquei si avvale delle Unità Navali raggruppate sotto il Gruppo Navale Speciale (G.N.S.), anch'esso alle dipendenze di COM.SUB.IN., che ha il compito principale di fornire il supporto tecnico - logistico – addestrativo ai Gruppi Operativi del Raggruppamento, attraverso le tre Unità Navali alle proprie dipendenze: nave Anteo, nave Marino e nave Pedretti.
In particolare Nave Anteo, la più grande Nave di supporto subacqueo della Marina Militare, è dotata di sofisticati equipaggiamenti e specifiche apparecchiature che consentono di svolgere operazioni e lavori subacquei di ogni genere anche a notevoli profondità e il soccorso e salvataggio a favore di sommergibili in avaria; tra questi equipaggiamenti spicca il minisottomarino di salvataggio SRV 300, Submarine Rescue Vehicle, pilotato da personale Palombaro. Tale supporto, infatti, allarga notevolmente lo spettro di impiego dei Palombari permettendo loro di raggiungere, grazie all'utilizzo delle tecniche di immersione in intervento e in saturazione, profondità operative oltre i 250 metri, o di operare con apparecchiature e mezzi tecnologicamente avanzatissimi, quali il citato SRV-300 e lo scafandro rigido articolato A.D.S. (Atmospheric Diving System), una sofisticatissima "Armatura" che permette all'operatore al suo interno di muoversi sott'acqua fino a 300

metri di profondità con dei propulsori come un'astronauta nello spazio. Per le operazioni subacquee "unmanned" i palombari sono addestrati a impiegare una numerosa tipologia di veicoli filoguidati, utilizzati per diversi scopi operativi, che permettono di investigare e recuperare oggetti dal fondo fino alla profondità di oltre 2.000 metri. In accordo con la Scuola Subacquei, che non è alle dirette dipendenze del GOS ma è alle dipendenze del Gruppo Scuole, gli operatori possono seguire i seguenti corsi:

- Abilitazione Immersioni Profonde con impiego di miscele Heliox.
- Pilota Minisottomarino.
- Abilitazione alla condotta della campana MC CANN.
- Abilitazione alla condotta scafandro A.D.S.

Corsi specifici vengono effettuati per il personale della Marina Militare esterno al raggruppamento e di altre Forze Armate e Corpi Armati dello Stato (Carabinieri, Esercito, Aeronautica Militare, Guardia di Finanza, Guardia Costiera, Polizia di Stato), quali:

- Corso Sommozzatori per abilitazione A.R.A. 50 metri, A.R.O. 12 metri, A.R.M.54 metri.
- Corso Operatori Subacquei per Abilitati al Lavoro in Carena (O.S.S.A.L.C.) e corso per abilitazione A.R.A. 15 metri.

l Gruppo Operativo Subacquei si avvale di mezzi e apparecchiature ad alto contenuto tecnologico che consentono il più ampio spettro d'azione nel campo subacqueo mantenendo tutte quelle capacità operative che costituiscono la peculiarità dei Reparti Subacquei della Marina. Le più sofisticate sono in dotazione a nave Anteo, in qualità di Nave destinata all'appoggio di tutte le attività subacquee più complesse, ha in dotazione mezzi quali l'SRV300 (Submarine Rescue Vehicle), l'A.D.S. (Atmospheric Diving System), la campana di salvataggio McCann e un sistema integrato che rende possibile immersioni con la tecnica dell'intervento e della saturazione.

- L'SRV 300 è un minisommergibile molto simile a un batiscafo pilotato da un ufficiale coadiuvato da un copilota e un assistente tutti provenienti dalla categoria Palombari ed è utilizzato durante le operazioni di soccorso a sommergibili in avaria sul fondo per collegarsi al portellone del sommergibile e permettere il salvataggio del personale; raggiunge una quota massima di 300 metri ed è dotato, oltre al dispositivo per unirsi al sommergibile, di due bracci manipolatori che costituiscono un ulteriore capacità nelle operazioni di recupero.

- Lo scafandro rigido articolato A.D.S. è simile a un'armatura subacquea futuristica dotata di propulsori nella quale entra un palombaro, può raggiungere la profondità di 300 metri senza sottoporre il corpo umano agli effetti della pressione idrostatica e permette l'effettuazione di lavori subacquei di vario genere in autonomia e sicurezza. Unico nel suo genere, l'A.D.S. è un sistema che unisce l'esperienza centenaria della Marina nell'impiego di scafandri presso resistenti, all'impiego di soluzioni ad altissimo livello tecnologico.

- La campana di salvataggio McCann permette, come l'SRV300, ma con procedure d'impiego differenti, il salvataggio dei membri dell'equipaggio di sommergibili sinistrati fino alla quota di 120 metri.

- Le tecniche della saturazione e dell'intervento permettono di effettuare immersioni fino alla massima quota di 250 metri e vengono condotte grazie ad "habitat" nei quali gli operatori vivono per diversi giorni effettuando discese sul fondo per condurre i lavori, anche diverse ore di immersione, mediante campane subacquee collegate all'unità dalle quali, una volta raggiunto il fondo, fuoriescono.

- Eccezionali capacità ispettive e lavorative sono fornite dalle diverse tipologie di R.O.V. (Remoted Operated Vehicle) in dotazione al G.O.S. che consentono di sostituire l'uomo nelle immersioni a carattere eccezionale dove è richiesto, per esempio, di investigare un ordigno esplosivo prima di inviarvi l'operatore subacqueo o di raggiungere la considerevole profondità di 2.000 metri per poter ispezionare e raccogliere, tramite modernissimi bracci manipolatori, qualsiasi tipologia di oggetto.

Oltre alle attrezzature precedentemente citate, i palombari del G.O.S. impiegano numerosi sistemi per immersione autonoma che spaziano dai rebreather a miscela elio/ossigeno ai sistemi per l'immersione in acque contaminate e consentono di svolgere qualsiasi tipologia di lavoro subacqueo fino alla profondità massima di 80 metri. Il primo gradino per accedere al corso è rappresentato dalla Fase Selettiva, della durata di una settimana. I candidati vengono sottoposti a una serie di test fisici, funzionali e di acquaticità. La prova funzionale d'immersione, prova di compensazione in camera iperbarica, è sbarrante per i successivi test di acquaticità che permettono di verificare l'attitudine alla specialità. Nel corso di tali prove i candidati dovranno dimostrare di saper eseguire, in una piscina, le seguenti semplici manovre, accuratamente descritte dagli istruttori: prova di apnea di 1 minuto, respirare da un erogatore senza mascherino, ecc. I candidati che supereranno la fase selettiva e i test di acquaticità potranno iniziare il Corso Ordinario Palombari che prevede un denso programma di attività, pratiche e teoriche, suddiviso nelle seguenti fasi:

Prima fase

Gli allievi partecipano a un intenso programma di allenamento fisico mattinale al quale segue l'attività in acqua con l'Autorespiratore ad Aria finalizzata all'esecuzione di semplici lavori sul fondo e sullo scafo delle navi fino alla profondità di 15 metri. L'attività subacquea diurna e notturna molto intensa serve all'allievo per aumentare la confidenza con l'ambiente marino. Tale fase rappresenta un momento formativo fondamentale per la preparazione fisica necessaria al proseguo del corso successivamente molto più impegnativo.

Seconda fase

L'allievo impiega una vastissima gamma di apparecchiature per l'immersione che spaziano dagli autorespiratori a miscela NITROX (rebreather), agli autorespiratori a Ossigeno puro passando attraverso i complessi e impegnativi sistemi di immersione per lavori subacquei pesanti o per attività in ambienti inquinati, quali l'Apparato Normale e l'Apparecchiatura Subacquea Alimentata dalla Superficie. L'allievo prende dimestichezza con un'ampia gamma di lavori subacquei tra i quali l'imbrago e il recupero con palloni di sollevamento di scafi affondati, saldatura e taglio subacquei con sistemi industriali, ricerca sul fondo con sonar portatili e metal detector. Gli istruttori modulano gradualmente l'attività fino a far raggiungere a tutti la massima espressione operativa dell'attrezzatura sia di giorno sia di notte.

Terza fase

Questa fase porta l'allievo a impiegare gli autorespiratori utilizzati nelle precedenti fasi, fino al limite delle quote operative degli stessi. Al termine della fase l'allievo saprà impiegare tutte le apparecchiature per l'immersione ad aria fino a 60 metri, i rebreather NITROX fino a 54 metri per eseguire lavori subacquei complessi.

Quarta fase

La quarta fase conclude il corso, l'allievo impara a impiegare una vasta gamma di esplosivi sia a terra sia in mare, strumento di lavoro del palombaro necessari per svolgere il lavoro di "artificiere subacqueo" nelle operazioni di neutralizzazione di ordigni esplosivi; inoltre, consegue l'abilitazione alla condotta delle imbarcazioni entro le 12 miglia dalla costa. Al termine di questa fase gli allievi sostengono gli esami teorici di fine corso, superati i quali, entreranno a pieno titolo nel corpo dei Palombari della Marina Militare acquisendo:
- Brevetto militare da Palombaro.
- Brevetto militare da Sommozzatore.

- Abilitazione Tecnico di Manovra di Impianti Iperbarici.
- Abilitazione EOD-Sub (artificiere subacqueo).
- Abilitazione alle immersioni sotto le Unità Navali e all'interno di locali allagati.

Atto finale del corso sarà la tradizionale cerimonia di "brevettamento" durante la quale viene consentito ai frequentatori di indossare il "Basco Blu", copricapo che contraddistingue i Palombari della Marina Militare. I neo brevettati transiteranno quindi al Gruppo Operativo Subacquei per svolgere una fase integrativa, della durata di 3 mesi, che permetterà di consolidare e affinare la loro formazione.

Una volta acquisita la giusta preparazione ed esperienza professionale, i Palombari potranno frequentare corsi in Italia e all'estero, per :
- Il pilotaggio di batiscafi.
- L'impiego di autorespiratori (rebreather) per immersioni fino a 80 metri.
- L'abilitazione alle immersioni in saturazione fino alla profondità di 250 metri.
- L'abilitazione da Paracadutista militare.
- Acquisire capacità sempre più spinte nell'impiego degli esplosivi al fine di neutralizzare qualsiasi ordigno inesploso venga rinvenuto.

Al termine di questo impegnativo corso di formazione, ricevuto il prestigioso basco della categoria, il palombaro entra a far parte del Gruppo Operativo Subacqueo (G.O.S.) dove partecipa a un breve tirocinio, integrativo al corso appena concluso, seguito da operatori esperti, dove familiarizza con le apparecchiature per le immersioni più all'avanguardia che spaziano dagli autorespiratori ad Aria ai rebreathers a miscela elio/ossigeno, e acquisisce le prime esperienze professionali nel campo dei lavori subacquei. Con il passare del tempo e l'impiego sul campo i neo brevettati ricevono incarichi di sempre maggiore responsabilità e al termine di questo lungo apprendistato sono pronti per essere assegnati ai Reparti Subacquei. Questi sono dislocati lungo tutta la penisola e garantiscono una presenza e una capacità d'intervento di primaria importanza per l'assolvimento dei compiti assegnati alla Marina Militare.

In particolare, i Palombari posso essere impiegati presso il Reparto Pronto Impiego (R.P.I.) del G.O.S. nei seguenti nuclei operativi:

- Nucleo E.O.D., un élite di operatori formata da artificieri subacquei capace di intervenire per la neutralizzazione di ordigni posti sott'acqua.

- Nucleo Iperbarico formato da operatori abilitati alle immersioni in saturazione a quote molto profonde fino a 250 metri.

- Nucleo S.P.A.G. (Submarine Parachute Assistance Group) il team di "operatori subacquei avio-lanciabili", unico nel Mediterraneo, pronto al soccorso di eventuali naufraghi di sommergibili che in emergenza sono costretti ad abbandonare il battello mediante la fuoriuscita individuale.

Un altro incarico di prestigio assegnato ai Palombari è quello di prestare servizio su Nave Anteo, Unità Navale speciale alle dipendenze di Comsubin, dotata delle più moderne e complesse apparecchiature per il supporto alle immersioni profonde e il soccorso ai sommergibili in avaria. Un ulteriore impiego avviene a bordo delle Unità di Contromisure Mine, cacciamine, ove i palombari garantiscono il servizio di neutralizzazione degli ordigni esplosivi oppure in uno dei sei Nuclei S.D.A.I. (Sminamento Difesa Antimezzi Insidiosi) distribuiti sul territorio nazionale nelle sedi di La Spezia, Taranto, Augusta, Cagliari, Ancona e La Maddalena, all'interno di squadre di artificieri subacquei che assicurano prontezza operativa e grande esperienza nella gestione delle operazioni di disinnesco di ordigni esplosivi residuati bellici e lavori subacquei complessi.

I profili di carriera possono essere quindi molteplici per un Palombaro e vanno ovviamente distinti in base al ruolo di appartenenza:

- Gli Ufficiali infatti assumono dapprima la gestione di una sezione, all'interno del G.O.S. oppure a bordo di Nave Anteo e quindi, con il maturare dell'esperienza e la promozione di grado, possono ambire a comandare un Nucleo S.D.A.I. o il Reparto Pronto Impiego. Con la frequenza poi di corsi di formazione, sia in Italia sia all'estero, e le mansioni svolte sempre più complesse e impegnative, possono assumere gli incarichi più prestigiosi, come Capo Servizio Sub di nave Anteo, vero fulcro di tutta la complessa attività dell'Unità Navale, o Comandante del Gruppo Subacquei, sino al prestigiosissimo incarico di "Comandante del Gruppo Operativo Subacqueo".

- Ai Sottufficiali e al Ruolo Truppa è riservata una lunga e interessante attività operativa. Da Operatori neo-brevettati possono presto trasformarsi in Palombari tra i più specializzati al mondo, acquisendo, al pari degli Ufficiali, capacità ed eccellenze validissime, come l'artificiere subacqueo, il pilota di R.O.V., veicoli filoguidati che si spingono fino a 2.000 metri di profondità, il paracadutista e l'operatore abilitato alle immersione profonde.

Ufficio Studi

L'Ufficio Studi si fa carico della sperimentazione e ricerca nel settore di armamentario, mezzi, e supporti tecnici in generale, dimostrandosi costantemente sensibile e attento alle esigenze degli operatori sul campo.
L'Ufficio Sturo è suddiviso in quattro sezioni:
- Sezione Armi ed Esplosivi
- Sezione Materiali e Mezzi di Incursione
- Sezione Fisiopatologia Subacquea
- Sezione Sperimentazione Materiali Subacquei

Gruppo Scuole

Il Gruppo Scuole cura l'aspetto addestrativo, svolgendo annualmente corsi di differente livello, abilitando alla qualifica di:

- O.S.S.A.L.C.: Operatore del Servizio Sicurezza Abilitato al Lavoro in Carena, conseguita dal personale del G.N.S.
- S.D.M.: Sommozzatore Disattivatore Mine, presenti sulle unità contromisure mine.
- D.O.A.: Demolitore Ostacoli Antisbarco del Batttaglione San Marco.
- S.D.A.I.: Servizio Difesa Anti Mezzi Insidiosi.

Attualmente il Gruppo Scuole contribuisce all'addestramento di personale appartenente al G.I.S. dei Carabinieri al N.O.C.S. della Polizia di Stato e al 9° Reggimento Col Moschin, partecipando inoltre attivamente a programmi di scambio professionali con unità similari dei Paesi alleati quali S.E.A.L.s statunitensi.

Gruppo Navale Speciale G.N.S.

Il G.N.S., Gruppo Navale Speciale, provvede a fornire le unità navali necessarie per lo svolgimento delle operazioni.
Il gruppo principale è costituito dalle navi salvataggio Anteo e Proteo, mentre i M.A.S., Motoscafi Appoggio Subacquei, Alcide Pedretti e Mario Marino costituiscono le unità minori.
La Pietro Cavezzale, ex nave appoggio per gli idrovolanti statunitensi entrata in servizio nel 1944 e successivamente adottata quale unità principale dal Teseo Tesei, viene tuttora utilizzata per addestrare gli operativi alla riacquisizione di vascelli dirottati nonché al posizionamento di cariche esplosive sull'opera viva (la parte sommersa della carena). La "scuderia" mezzi speciali comprende invece diversi battelli subacquei i quali ricalcano per concetto i vecchi S.L.C. sviluppati da Tesei nonché numerosi altri veicoli la cui esistenza e le cui caratteristiche risultano ovviamente essere coperte da segreto.

La Scuola Sommergibili

Non escludendo la possibilità di avanzare domande d'impiego presso la componente sommergibili anche nel corso della carriera, generalmente il percorso formativo degli aspiranti sommergibilisti ha inizio presso gli istituti di formazione della Marina Militare, ove al termine della formazione di base, vengono selezionati gli aspiranti sommergibilisti, in base alle esigenze d'impiego, alle inclinazioni e alle domande avanzate dal personale. Giunti presso la Scuola Sommergibili e dopo il superamento di selettive visite mediche di idoneità specialistica, gli allievi frequentano il Tirocinio Basico Sommergibili, indipendentemente dal corpo, grado e categoria di appartenenza, della durata di 5 settimane, cui fa seguito un periodo di destinazione a bordo durante il quale l'allievo sommergibilista approfondisce, mettendole in pratica, le nozioni precedentemente acquisite consentendo, attraverso l'attenta osservazione del Comandante dell'Unità, la valutazione della propria attitudine a operare sui sottomarini. Il superamento dell'esame finale, che considera il rendimento complessivo dei due periodi di tirocinio, a terra e a bordo, è il presupposto necessario per il definitivo ingresso nella componente. A partire da questo momento il sommergibilista inizia un percorso di crescita professionale che gli consentirà, attraverso periodici ritorni alla Scuola Sommergibili , di elevare il proprio profilo di specializzazione e di esperienza, allineando le proprie competenze agli incarichi di maggiore responsabilità che nel tempo assumerà a bordo. L'obiettivo posto a riferimento dell'attività d'istituto è quello di consentire alla Marina Militare di impiegare i sommergibili in tutti i contesti operativi, anche internazionali, ove sia necessario operare, conferendo a ciascun membro degli equipaggi un adeguato profilo professionale, attraverso un severo e realistico processo formativo e addestrativo, supportato dai più avanzati sistemi didattici e informatici. In quest'ottica, alla Scuola Sommergibili sono assegnati i seguenti compiti:

- La selezione del personale che accede alla componente specialistica delle forze subacquee.

- La formazione di base e l'addestramento iniziale dei sommergibilisti.

- La qualificazione del personale imbarcato alle proprie mansioni in mare e in porto, determinandone la crescita professionale necessaria per l'assunzione di incarichi di maggiore responsabilità.

- L'addestramento degli equipaggi a condurre operazioni in ogni tipo di ambiente e con difficoltà crescenti, con particolare riferimento alla capacità di operare in team intergrati e sinergici.

- Il concorso allo sviluppo di normative e dottrine attinenti all'impiego dei sommergibili.

La storia della Scuola Sommergibili della Marina Militare inizia oltre mezzo secolo fa; con un dispaccio dell'aprile 1940, dopo un paio d'anni di studi e progetti, venne istituita a Pola la Regia Scuola Sommergibili. L'esigenza di avere un istituto ad hoc per la formazione e l'addestramento dei sommergibilisti emerse già agli albori della componente subacquea dalla constatazione delle peculiarità tecniche e operative dei mezzi, per la condotta dei quali si ritenne necessario far acquisire, a tutto il personale, una preparazione completa sulle apparecchiature e i sistemi imbarcati e sulle tattiche di combattimento, nonché una particolare forma mentis. Scelta la sede di Pola per la sua lontananza dal teatro centrale della guerra in mare, la Scuola venne istituita in un complesso di strutture rilevato dall'Aeronautica Militare e opportunamente adattato. Si trattava di un vasto comprensorio costituito da diversi edifici dove trovavano spazio alloggi, servizi, sistemazioni didattiche, officine, in grado di ospitare centinaia di persone fra addetti e allievi. Alla Scuola vennero assegnati ben otto sommergibili, che costituirono il GRUPSOM 12, e un paio di navi appoggio/bersaglio. L'attività didattica iniziò nel settembre del 1940 sotto il comando del Capitano di Corvetta Folco Buonamici. L'attività addestrativa, teorica e pratica, si articolava su diverse linee: tirocini di comando, tirocini per ufficiali di SM, per ufficiali GN e Direttori di Macchina, per sottufficiali, per marinai, per timonieri orizzontali. Per questi ultimi, nel settembre del 1940, si prese in considerazione l'acquisto di un certo "apparecchio tedesco per l'istruzione e l'allenamento dei timonieri agli orizzontali", forse un antesignano del nostro allenatore d'immersione, ma del quale non si hanno ulteriori notizie. Nel febbraio del 1942 la Scuola si ampliò riorganizzandosi su due componenti: la Sezione didattica, che rimase a Pola, e la Sezione tattica, che aprì i battenti a Fiume, dove era più agevole svolgere l'attività lancistica. Nei primi tre anni di vita la Scuola addestrò circa 700 ufficiali e oltre 5.000 militari di tutti i gradi. L'attività didattico-formativa continuò anche durante il secondo conflitto mondiale. All'armistizio la Scuola Sommergibili venne spostata a Taranto, dove si era ricostituito il Comando Sommergibili, riprendendo le attività nel dicembre del 1943. A causa del Trattato di Pace, entrato in vigore il 15 settembre 1947, che imponeva il divieto di possedere sommergibili, la Scuola, insieme al sovraordinato Comando Sommergibili, cessarono temporaneamente di esistere. Al Comando Sommergibili subentrò MARISTRALSOM che ottemperò all'ingrato compito di provvedere all'affondamento o alla consegna ad altre marine dei battelli rimasti. Anche se ufficialmente soppressa, in realtà la Scuola Sommergibili proseguì l'attività addestrativa avvalendosi dei Sommergibili Giada e Vortice. Questi due battelli, non "ritirati" dalla Francia cui erano stati destinati in conto riparazione dei danni di guerra, con vari espedienti furono sottratti alla distruzione e classificati come "P.V.1" e "P.V.2" (Pontoni di carica veloce). Impiegati ricorrendo a sotterfugi e camuffamenti per eludere i divieti, permisero di proseguire una seppur minima attività addestrativi, sufficiente, però, a formare i nuovi sommergibilisti. Nel dicembre 1951, decadute le clausole più restrittive del Trattato di Pace, questi due battelli furono reintegrati ufficialmente nel naviglio dello Stato, con la loro funzione ormai soltanto addestrativa, e diedero inizio alla rinascita della componente subacquea Italiana. Sul Giada e sul Vortice vennero addestrati gli equipaggi che, alla fine del 1954, partirono per andare ad armare, a New London (U.S.A), i sommergibili Tazzoli e Da Vinci, prime due Unità di una serie ceduta dagli Stati Uniti alla Marina Militare nell'ambito del programma di assistenza e che, per alcuni lustri, costituirono la nostra forza subacquea.

Nel settembre 1952 venne ricostruito il Comando Sommergibili e nel 1953 anche la Scuola riprese a funzionare ufficialmente, sebbene in forma e con mezzi molto modesti. L'attività veniva svolta in un paio di stanze della Caserma Farinati di Taranto e condotta da pochissimi elementi, ex Ufficiali e Sottufficiali del Giada e del Vortice. Si ricominciò a produrre artigianalmente testi , stampati con un vecchio ciclostile, corredandoli di disegni incollati a mano. Lavagna e gesso completavano l'arredo didattico. Questa situazione si protrasse sostanzialmente immutata per diversi anni. E' in questo periodo, precisamente negli anni fra il 1963 e il 1976, che il Capitano di Fregata del Genio Navale Rio Corazzi, un uomo ricco di carica umana e di carisma ma, soprattutto, di entusiasmo, legò il suo nome alla storia della Scuola. Forte di una non comune esperienza e preparazione, dotato di naturale talento didattico − generazioni di sommergibilisti ricordano le sue lezioni chiare e semplici, esposte sempre in maniera accattivante − credeva fermamente nell'importanza della formazione del personale e a essa dedicava grande energia. Già nei primi anni '60, Direttore di Macchina del Sommergibile Vortice in quel di Augusta, dopo l'orario lavorativo riuniva gli allievi in tirocinio in una bettolina ancora arroventata dal sole, dove faceva lezione per ore, mentre gli allievi prendevano appunti, in mancanza di altro, sul retro dei moduli per messaggio. Quando, in aggiunta ad altri incarichi, gli fu affidata la direzione della Scuola Sommergibili pur nell'angustia della situazione descritta, egli la risvegliò dal torpore rassegnato in cui le precarietà l'avevano calata e le impresse nuova vitalità. La sua dedizione ai sommergibili si estese oltre la sua permanenza alla Scuola e continuò fino alla prematura scomparsa avvenuta nel maggio del 1979. Nel 1983 venne aperto all'interno del Centro Addestramento della Marina Militare, un Ufficio Sommergibili per formare il personale operativo e addestrare i Team dei sommergibili che riprendevano l'attività al termine dei lunghi periodi manutentivi. I risultati conseguiti furono da subito di tale spessore che, il Centro Addestramento stesso, riconoscendo la validità e l'importanza dell'impresa, elevò in rapida successione l'Ufficio prima a Direzione e quindi a Reparto. Nel 1984 venne infine stabilita la necessità di un potenziamento della Scuola che consentisse di fronteggiare le nuove esigenze imposte dai sofisticati battelli classe Sauro. La Scuola acquistò così una nuova dimensione, nuove strutture, e venne intitolata a nome del Capitano di Fregata Rio Corazzi. Il processo di riassetto infrastrutturale proseguì nel 1993 con l'ala vecchia dell'attuale struttura, e contestualmente venne acquisito il modernissimo Allenatore d'Immersione, vero gioiello tecnologico.

Nel 1996 fu avviato un programma di ampliamento della struttura, integrato nel panorama delle attività discendenti dal Programma di acquisizione dei nuovi sommergibili della classe U212A, regolato da un accordo governativo esistente tra Italia e Germania e basato sul criterio di identicità dei Sommergibili e dei relativi ausili didattico/addestrativi acquisiti dalle Marine dei due Paesi. Nel 1999 la Scuola, raccogliendo nuovamente in un unico organismo tutte le capacità di addestramento e formazione dei sommergibilisti della Marina Militare, assume la denominazione di MARISCUOLASOM. Oggi, inquadrata come Reparto nella struttura organizzativa del Comando delle Forze Subacquee, grazie al processo di ampliamento e modernizzazione che la Marina Militare ha affrontato in questo settore, la Scuola Sommergibili è dotata dei più avanzati ausili didattico-addestrativi e costituisce un riferimento assoluto per le forze subacquee delle Marine moderne, capace, all'occorrenza di fornire supporto formativo e addestrativo anche alle Marine di altre nazioni. L'obiettivo posto a riferimento dell'attività d'istituto è quello di consentire alla Marina Militare di impiegare i sommergibili in tutti i contesti operativi, anche internazionali, ove sia necessario operare, conferendo a ciascun membro degli equipaggi un adeguato profilo professionale, attraverso un severo e realistico processo formativo e addestrativo, supportato dai più avanzati sistemi didattici e informatici. In quest'ottica, alla Scuola Sommergibili sono assegnati i seguenti compiti:

- La selezione del personale che accede alla componente specialistica delle forze subacquee.
- La formazione di base e l'addestramento iniziale dei sommergibilisti.
- La qualificazione del personale imbarcato alle proprie mansioni in mare e in porto, determinandone la crescita

professionale necessaria per l'assunzione di incarichi di maggiore responsabilità.

- L'addestramento degli equipaggi a condurre operazioni in ogni tipo d'ambiente/scenario e con difficoltà crescenti, con particolare riferimento alla capacità di operare in team intergrati e sinergici.

- Il concorso allo sviluppo di normative e dottrine attinenti all'impiego dei sommergibili.

A sommergibili sempre più evoluti non possono che corrispondere equipaggi sempre più preparati dal punto di vista tecnico e affiatati nel lavoro d'equipe. Pienamente consapevole dell'importanza decisiva che la qualità dell'equipaggio assume per l'efficienza operativa dei battelli, la Marina Militare ha fortemente voluto dotarsi di strumenti addestrativi e ausili didattici all'avanguardia, in grado di conseguire elevati livelli di addestramento riducendo, al contempo, i tempi e i costi delle fasi addestrative. Primi tra tutti, gli allenatori di immersione e di combattimento, vere e proprie repliche degli ambienti di bordo in grado di riprodurre i comportamenti dinamici e funzionali del sommergibile, tanto della classe Sauro quanto della classe Todaro (U121A).

- L'Allenatore d'immersione e di propulsione, riproduce fedelmente la configurazione della camera manovra, area controllo piattaforma, di un sommergibile classe Sauro. E' costituito da una cabina montata su una piattaforma mobile a due gradi di libertà, all'interno della quale sono installati tutti gli apparati presenti a bordo. La fedeltà è tale da riprodurre, persino, i rumori effettivamente udibili a bordo. I movimenti della piattaforma sono ottenuti mediante un sistema oleodinamico comandato da un computer il quale, seguendo appositi modelli matematici, fornisce la risposta strumentale e dinamica in reazione ai vari stimoli introdotti dalla console istruttore, dal timoniere o dagli operatori del team piattaforma. Esso consente di sviluppare vari moduli addestrativi finalizzati al conseguimento, da parte degli operatori, della capacità di governare la piattaforma sommergibile, di reagire prontamente alle varie situazioni di emergenza che possono presentarsi e di continuare a operare anche in assetto degradato, mancando la piena funzionalità di apparecchiature e impianti di bordo. Il programma di simulazione consente di riprodurre gli effetti sul sommergibile dei movimenti di rollio e beccheggio nella condizione di navigazione in superficie, a snorkel e in immersione. Consente inoltre di rendere maggiormente aderente alla realtà la seduta addestrativa mediante l'introduzione degli effetti indotti sulla piattaforma dallo stato del mare, programmabile come forza, tipo (vivo, lungo ecc.) e direzione di provenienza dell'onda. A completamento dell'allenatore d'immersione, è stato acquisito il Simulatore di Propulsione al fine di estendere la preparazione di team anche al nucleo preposto alla condotta e al controllo della propulsione del battello. In questo caso, si tratta di una cabina fissa ove è stato fedelmente riprodotto il locale Quadri Elettrici di un sommergibile Sauro. L'impiego congiunto di questi ausili consente l'addestramento di un'intera squadra di controllo piattaforma in forma interattiva sinergica e integrata.

- Lo Steering Stand Simulator, o SSS, è orientato all'addestramento dei timonieri e del team di governo della piattaforma sommergibile classe Todaro (U212A), anche in condizioni di emergenza. Anche in questo caso, il simulatore è costituito da una cabina che riproduce fedelmente l'area del sommergibile in cui sono collocate le stazioni di governo dei timoni nonché la console di controllo dell'istruttore, integralmente vincolata su una piattaforma mobile a due gradi di libertà che, in risposta ai comandi dell'operatore in addestramento e delle condizioni meteorologiche simulate, riproduce fedelmente i movimenti in rollio e beccheggio del battello.

- Il Submarine Command Team Trainer (SCTT) è orientato tanto all'addestramento degli operatori su specifici sistemi, quali il sonar, il sistema di comando e controllo e il sistema di controllo Siluri, quanto all'addestramento del team di comando a operare in specifici scenari operativi e infine, viene impiegato per definire, in via preliminare, nuove tattiche e dottrine operative. dedicato all'addestramento del personale destinato a operare nel Central Information Center (CIC). La cabina riproduce in modo assolutamente realistico il centro operativo/decisionale del sommergibile (Central Information Center o CIC) e accoglie al suo interno non i simulacri da esercizio ma le vere console di Comando e Controllo e le effettive console del Sistema Sonar, in modo da garantire il massimo livello di verosimiglianza. Tutti i sistemi e gli apparati replicati nel SCTT, sono fisicamente e funzionalmente integrati fra loro esattamente come avviene a bordo del sommergibile e immersi in un ambiente marittimo virtuale, capace di stimolare tutte le funzionalità operative con il massimo realismo. Nei locali attigui alla cabina del SCTT, mediante l'apposita stazione di monitoraggio e controllo, gli istruttori possono facilmente impostare tutte le situazioni e gli scenari operativi su cui intendono focalizzare l'addestramento del singolo operatore o dell'intero team, iniettando nello scenario fedelmente riprodotto, le varie situazioni operative che si possono effettivamente incontrare nel corso delle missioni reali, attraverso la riproduzione di caratteristiche geografiche e acustiche del mare, le condizioni meteorologiche e la modellizzazione di unità bersaglio con la loro caratterizzazione acustico-ottica, con il loro moto e comportamento tattico. L'allenatore è dotato di un'apposita aula Auditorium con maxi-schermo ove analizzare e commentare le esercitazioni condotte onde valutare e perfezionare l'addestramento condotto. Si tratta di una struttura di circa 300 m² di estensione, che risulta tecnologicamente innovativa, atta a garantire il mantenimento di un elevato standard di professionalità e di prontezza degli equipaggi dei sommergibili classe Todaro (U212A) i quali, costituendo un decisivo salto di qualità dal punto di vista del mezzo subacqueo, hanno richiesto un corrispondente salto di qualità nella formazione degli operatori e dei team di bordo.

- L'Allenatore traffico siluri riproduce, utilizzando le medesime apparecchiature presenti a bordo dei sommergibili classe Sauro, l'intero sistema di traffico e imbarco dei siluri A-184 compreso il tubo di lancio e quadri di controllo per il lancio. Tale ausilio didattico consente di addestrare il personale operatore e tecnico all'esecuzione di tutte le manovre riguardanti l'impiego dei siluri. Un'attenzione particolare viene riservata all'addestramento del personale a fronteggiare eventuali situazioni d'emergenza. Anche in questo caso, la Scuola Sommergibili dispone di validi ausili didattico-addestrativi.

- Il Simulatore di falla e fumo consiste nella ricostruzione di un generico locale ausiliari di un sommergibile, allestito con i simulacri delle apparecchiature e delle tubazioni e garantisce l'addestramento del personale delle squadre d'emergenza a intervenire con le previste dotazioni ed equipaggiamenti, per fronteggiare situazioni altamente degradate di falla e/o fumo. Sotto il costante controllo degli istruttori, la falla simula il cedimento della tubolatura più critica di bordo (refrigerazione generale), mentre il fumo, generato da apparecchiature portatili, riproduce le critiche condizioni d'intervento per gli operatori, non comportando alcun rischio per la salute del personale.

- Il Simulatore garitta di fuoriuscita è' la fedele riproduzione della garitta di fuoriuscita di un sommergibile e consente l'addestramento propedeutico alla fuoriuscita dal sommergibile sinistrato, cioè non più in grado di raggiungere autonomamente la superficie e che quindi va abbandonato. Il simulatore consente di addestrare il personale alla condotta di tutte le operazioni connesse con la fuoriuscita individuale, dalla vestizione dell'apposita tuta sino all'istante di apertura del portello, dal quale incomincerebbe la risalita in superficie. L'addestramento a quest'ultima fase, che richiede una particolare vasca cilindrica profonda circa una trentina di metri, viene completata periodicamente presso un'apposita struttura della Royal Navy a Gosport in Gran Bretagna .

- Il Simulatore Rush Escape. I sommergibili classe Todaro (U212A) dispongono di un altro sistema di abbandono del sommergibile sinistrato, alternativo alla fuoriuscita individuale. Anche in questo caso, il simulatore consente di addestrare il personale alla condotta di tutte le operazioni connesse a questo tipo di procedura, sino al superamento del portello, lasciando al centro di Gosport, in analogia a quanto avviene per gli equipaggi classe Sauro, il completamento dell'addestramento con la fase di risalita in superficie.

- Il Computer Based Training. La fase iniziale della formazione e dell'addestramento di base si avvale, tra gli altri, di particolari emulatori computerizzati, in grado di riprodurre a video il comportamento tanto delle apparecchiature quanto la risposta del relativo impianto o dell'intero battello alle varie azioni effettuate dall'operatore. Il Computer Based Training consta di diverse postazioni costituite da:
  - ➢ Un elaboratore in grado di interagire con l'allievo per mezzo di speciali periferiche.
  - ➢ Un video-grafico ad alta risoluzione dotato di touch-screen.
  - ➢ Software per la gestione multimediale in grado di rappresentare immagini, suoni e filmati.
  - ➢ Grafiche sintetizzate insieme con riprese filmate, diapositive e audiovisivi.

> Software applicativo realizzato su specifica indicazione della Scuola Sommergibili.

Tali ausili, di facile impiego e pronta disponibilità, vengono utilizzati in tutti i corsi d'istruzione e addestramento quale completamento e perfezionamento delle tradizionali lezioni, consentendo agli allievi, anche in auto somministrazione, di verificare la correttezza delle proprie conoscenze, il livello di preparazione raggiunto, l'approfondimento di argomenti e procedure, qualora necessario a colmare eventuali lacune.

Il Corso Ordinario Incursori

Per diventare Incursori della Marina Militare bisogna superare un corso della durata di circa un anno presso la Scuola Incursori di COMSUBIN. Il corso è riservato ai militari che non abbiano superato il ventinovesimo anno di età alla data di inizio del corso, inquadrati nel ruolo Ufficiali, Marescialli, Sergenti o nel ruolo Truppa in Servizio permanente; al personale volontario in ferma prefissata (VFP4) che non abbia superato il terzo anno di ferma alla data di inizio del corso, nonché a personale volontario a ferma annuale (VFP1) che abbia mostrato particolare predisposizione. Per questi ultimi il superamento del corso Incursori da titolo per il passaggio in servizio permanente effettivo (SPE). Il programma di addestramento ha una durata di circa un anno che finisce con la consegna dell'agognato "basco verde" e il conseguimento dell'obiettivo di essere un operatore delle forze speciali della Marina Militare. Il corso inizia nel mese di maggio ed è suddiviso in un periodo di accentramento, in tre fasi addestrative e una fase finale.

Accentramento

L'accentramento al corso occupa due settimane ed è diviso in quattro fasi (combattimento terrestre, combattimento in acqua, fase anfibia, condotta di operazioni complesse) e rappresenta per i futuri incursori il primo gradino di una preparazione di base che li metterà in grado di entrare nelle squadre operative del Reparto ove integreranno le proprie conoscenze e capacità e dove acquisiranno la "combat readiness". L'aspirante allievo deve sostenere delle visite mediche presso l'infermeria di Comsubin e affrontare i primi ostacoli del corso: le prove fisiche e di acquaticità. Superate queste prove l'aspirante allievo può iniziare l'addestramento vero e proprio. Il test non è uno sbarramento invalicabile, anche se la forma fisica è un requisito cui l'aspirante incursore dovrà dedicare parecchie ore della sua giornata, anche in fase di preparazione al corso.
Le prove selettive consistono in:
- Tuffo di piedi da un trampolino di 5 metri.

- Prova di nuoto a stile libero.
- Una corsa di 300 metri da coprire in meno di 47 secondi.
- Trazioni alla sbarra.
- Piegamenti sulle braccia e addominali.
- Salita su fune di 5 metri.
- Salto in alto.

Prima fase (Combattimento a terra)

La prima fase dura 12 settimane.
Gli allievi sono sottoposti a una progressiva ma intensa preparazione fisica, con allenamenti nella corsa, ginnastica a corpo libero, nel nuoto e iniziati al combattimento terrestre e alla topografia. Le attività diventano sempre più impegnative mano a mano che le settimane passano. Gli allievi parteciperanno a prove settimanali di marcia veloce, prima in scarpe da ginnastica e quindi in tenuta operativa, percorso di guerra, scramble, marce topografiche e operative. L'allenamento diventa sempre più intenso, con marce veloci in assetto pesante fino a una prova finale di 40 km di marcia notturna da svolgere in non più di 7 ore, con un carico di 18 kg di equipaggiamento.

Seconda fase (Combattimento in acqua)

La seconda fase dura 13 settimane.
Dopo aver completato la prima fase, l'allievo ha dimostrato agli istruttori di essere in grado di approfondire l'addestramento.
In questo periodo, l'allenamento fisico continua, ma l'attività è dedicata essenzialmente al nuoto di superficie e a quello subacqueo con l'impiego dell'autorespiratore a ossigeno.
Dalle prime sedute di istruzione tenute in vasca operativa gli allievi imparano a nuotare in coppia in immersione. La capacità di effettuare il nuoto operativo mette l'allievo in grado di portare a termine missioni di attacco navale, capacità questa che distingue gli Incursori della Marina Militare dagli operatori di altre forze speciali. E' la fase più dura e selettiva. L'allievo acquisisce in questa fase anche capacità di condotta di gommoni

veloci e viene sottoposto a un esame pratico e teorico durante il quale dovrà dimostrare di avere appreso, tra l'altro, anche nozioni di nautica e aerofotografia.

Terza fase (Combattimento anfibio)

La terza fase dura 12 settimane.
L'attività preminente è incentrata sulla navigazione di superficie, sbarco, presa di terra e infiltrazione nelle varie tipologie di costa, ivi compresa quella rocciosa, mentre continua l'addestramento nella navigazione campale, nelle pattuglie.
Vengono impartiti addestramenti all'impiego degli esplosivi, delle armi e all'esecuzione di ricognizioni e attacchi a obiettivi terrestri. La preparazione fisica continua e gli allievi vengono testati nell'esecuzione di brevi ma intense esercitazioni. Questa fase si conclude con tre esercitazioni notturne di ricognizione o di attacco di tipo anfibio, contro obiettivi sulla costa e/o unità navali.

Quarta fase (Esercitazioni Finali)

La quarta e ultima fase dura 15 settimane.
Gli allievi sono impegnati nella preparazione ed esecuzione delle esercitazioni finali, eseguite nel massimo realismo, e negli esami di fine corso. Ai promossi viene consegnato con una cerimonia il "basco verde", suggello del brevetto di Incursore della Marina Militare. Dopo il corso ordinario, i neo-brevettati incursori, non ancora considerati "combat ready", conseguono il brevetto di paracadutismo con la fune di vincolo presso il CAPAR di Pisa, effettuando un corso della durata di 4 settimane quale preludio al successivo corso per il conseguimento della qualifica "combat ready" presso il gruppo operativo: il corso integrativo incursori.

Corso Integrativo

Dura dai sei agli otto mesi, nel quale gli operatori sono introdotti alle tecniche e tattiche del Gruppo Operativo:

- Tecniche di attacco alle navi.
- Assalto anfibio, presa di terra, ricognizione speciale e delle procedure HUMINT (Human Intelligence) di raccolta informativa per forze speciali.
- Operazioni con elicotteri, discesa da elicottero tramite "fast rope".
- Tecniche di tiro: tiro in movimento (Corso di Tiro Operativo e Istintivo), addestramento al fuoco di squadra, stage che puntano a raffinare le tecniche col fucile d'assalto.
- Stage per il combattimento urbano per le azioni speciali in ambienti ristretti (all'interno di un edificio o di una nave).
- Impiego di esplosivi e razzi.
- Procedure di ispezione a navi mercantili.
- Operazioni in ambiente NBC (Nuclear Biological Chemical Biologico Chimico).
- Utilizzo di apparecchiature radio HF, VHF, UHF, SAT, CRYPTO.

Al termine del corso integrativo, l'incursore viene considerato "combat ready".
Una volta acquisita la capacità "combat-ready", comune per tutti, i profili di carriera per un Incursore vanno distinti tra Ufficiali, Sottufficiali-Truppa:

- Ufficiali: il primo incarico di responsabilità degli ufficiali più giovani è il Comandante di Plotone e successivamente quello di Comandate di Reparto, equiparato a Comando Navale da Tenente di Vascello, e/o della Scuola Incursori. Dopo aver effettuato esperienze presso lo Stato Maggiore/Comandi Nazionali o NATO l'aspirazione principale è quella di assumere il comando del Gruppo incursori e, successivamente del

Gruppo Operativo Incursori. A questi si aggiungono altri incarichi di prestigio nel campo della pianificazione/dottrina, dell'addestramento e dell'Intelligence, nonché negli organismi interforze nazionali o, all'estero, multinazionali e NATO.

- Marescialli e Truppa: Ai Marescialli e alla Truppa è riservata una lunga attività operativa, che, all'interno dei Distaccamenti Operativi, a seconda del grado ricoperto e dell'esperienza maturata, può portare a ricoprire il prestigioso incarico di Comandante del Distaccamento stesso. Con l'esperienza maturata e le specializzazioni conseguite, una volta usciti dai Distaccamenti Operativi, gli incarichi più prestigiosi sono di istruttore presso la Scuola Incursori o il Gruppo Incursori per trasmettere alle giovani generazioni quanto si è appreso nella vita da incursore. Anche per il ruolo Marescialli e Truppa sono previste esperienze e incarichi presso lo Stato Maggiore/Comandi Nazionali e NATO. Sia i Marescialli che gli Ufficiali partecipano a programmi di scambio di personale con Forze speciali straniere e possono ricoprire incarichi di categoria presso Comandi NATO.

Corsi di perfezionamento

La formazione degli incursori, che non si può mai definire conclusa, prosegue anche durante l'impiego presso il reparto operativo. Con la frequenza di ulteriori corsi di specializzazione, sia in Italia che all'estero, i singoli operatori potranno, compatibilmente con le loro attitudini specifiche e con le necessità organiche del reparto, incrementare il loro bagaglio di conoscenze, ampliare le loro possibilità d'intervento e approfondire specifiche professionalità.

1. Corso di Paracadutismo con la Tecnica della Caduta Libera (TCL), che si svolge presso il Centro Addestramento Paracadutismo (CAPAR) di Pisa per un periodo compreso tra le cinque e le sei settimane, durante le quali si effettuano lanci ad apertura comandata da una altezza di 4.000 metri.

2. Corso Avanzato di Paracadutismo, della durata di 3-4 settimane, per l'apprendimento delle tecniche per lanci ad alta quota, di 7.000-11.000 metri, con ossigeno ad apertura a quote basse – HALO (High Altitude Low Opening) o con apertura ad alta quota e navigazione sotto vela – HAHO (High Altitude High Opening).

3. Corso di Alpinismo Militare e di Abilitazione Istruttore di Alpinismo Militare.

Corsi per specialità

Un Distaccamento Operativo ha al suo interno:
- Un Incursore con specializzazione Combat Medic
- Un Breacher (disattivatore EOD-IEDD)
- Un SFJTAC (Special Forces Joint Teminal Attack Controller)
- Uno o due Sniper.

1 - Corso tiratore scelto presso scuole d'arma italiane ed estere (USA).

2 - Corso FAC (Forward Air Controller), per abilitazione alle missioni FAC, per la direzione a terra degli attacchi aerei e la designazione ai piloti degli obiettivi, tenuto presso la Scuola di Aerocooperazione dell'Aeronautica Militare, della durata di cinque settimane, tre teoriche e due pratiche. Tale qualifica è limitata agli elementi in possesso del necessario livello di conoscenza della lingua inglese (che può essere conseguita con la frequenza del corso avanzato alla SLLE di Perugia). Di norma, il corso è seguito da quello di Controllore del Fuoco per Operazioni Speciali (CF/OS) di ulteriori tre settimane. Tutto ciò prelude all'abilitazione alla funzione di Laser Target Marking (FAC/LTM) per l'impiego dei designatori laser in dotazione al reparto. L'addestramento all'impiego dei relativi designatori laser avviene con corsi di un paio di settimane, che si tengono nei principali poligoni alleati, in Sardegna come all'estero, o addirittura in occasione delle missioni esterne, durante la permanenza dei distaccamenti in teatro.

3 - Corso Combat Medic. A livello nazionale gli Incursori destinati a questo settore conseguono la qualifica di "Soccorritore Militare" presso la Scuola di Sanità di Roma, dopo un corso di tre settimane che garantisce, tra l'altro, una sorta di veste legale per operare nell'ambito del primo soccorso, anche se con significative limitazioni. Special Operations Combat Medics (SOCM) Course", svolto presso l'ISTC di Pfullendorf e che insegna le procedure fondamentali di pronto

soccorso, come fermare le emorragie e garantire una corretta terapia infusionale e anti shock, e soprattutto il prestigioso corso "18D – Special Operations Combat Medic" dei Berretti Verdi americani. Della durata complessiva di circa un anno, quest'ultimo è tenuto presso il JFKSWTSC di Fort Bragg ed è dedicato esclusivamente alle Forze Speciali (per l'Italia lo frequentano anche operatori del 9°, del GIS e del 17° Stormo).

4 - Corso EOD (Operatore Bonifica Ordigni Esplosivi) e Corso IEDD (Operatore Bonifica Ordigni Esplosivi Improvvisati),da frequentare presso il Centro Addestramento EOD della Scuola del Genio dell'Esercito

Altri corsi

1. Corso Sommozzatori presso il Gruppo Scuole: 40 metri, 50 metri, 60 metri ARA e ARM.

2. Corso di Pattuglia Guida e Comandante di Pattuglia Guida presso il CAPAR, Centro Addestramento Paracadutismo, di Pisa.

3. Corso di Indottrinamento Intelligence e HUMINT (Human Intelligence) presso il CII, Centro Intelligence Interforze, di Ponte Galeria a Roma.

4. Corso di Abilitazione all'utilizzo di Natanti.

Altri corsi quali interprete di aerofotografia, fotografo subacqueo, e molti altri di perfezionamento svolti all'estero presso l'International Special Traning Center, ISTC, di Pfullendorf, in Germania, la scuola delle Forze Speciali della NATO, completano la preparazione dell'incursore di marina che comunque è in continuo addestramento per mantenere e migliorare le capacità operative per tutto il periodo in cui è "combat ready".

Armamento

L'armeria del G.O.I. raccoglie probabilmente quasi ogni sistema d'arma esistente al mondo. Questo per la necessità di saper tanto riconoscere, quanto utilizzare, le armi che potrebbero essere in mano al nemico. Il G.O.I. fa ampio uso delle carabine Colt M4 A1, in cal. 5,56, dopo aver lungamente utilizzato l'Heckler & Koch G-41, l'M-16 e il Beretta SC e SCP 70-90.

L'M4 può essere equipaggiato con una serie di accessori, quali il lancia granate M-203 da 40mm. L'M4 A1 può anche essere dotato del kit SOPMOD (Special Operations Peculiar Modification), che comprende un'impugnatura anteriore (quando non è in uso l'M-203), puntatori laser e all'infrarosso, mirini a intensificazione di luminescenza e olografici, e silenziatore. E' probabile che il reparto, seguendo la tendenza inaugurata dal SOCOM statunitense, stia valutando l'impiego di fucili d'assalto in cal7.62 mm, dotati di maggior potere d'arresto. Per quanto riguarda le pistole mitragliatrici, il G.O.I. fa uso della serie MP5 della tedesca Heckler & Koch, adottata a inizio anni '70 per sostituire le Beretta M-12. Le MP5 sono presenti nell'armeria in tutte le loro varianti, tra le quali ricordiamo la SD (silenziata) e la K, versione compatta spesso usata per incarichi di protezione ravvicinata. Le MP5 montano torce Sure Fire, e dispositivi di puntamento Trijicon ACOG, Trijicon Reflex II ed EOTech Holosight. Quale arma da fianco, il G.O.I. fa uso della Beretta 92FS, in cal. 9 mm Parabellum, con caricatore bifilare da 15 colpi. La pistola è utilizzata quale back up: in caso di inceppamento dell'arma principale, e qualora sia impossibile risolvere il malfunzionamento in tempi rapidi, l'operatore estrae la sua Beretta, continuando nel compito assegnatogli (questa è una tecnica spesso impiegata nel combattimento ravvicinato in ambienti ristretti). Accanto alla Beretta 92FS, si sta affermando l'uso nel reparto anche della austriaca Glock 17, in cal. 9 mm Parabellum. Importante, nel combattimento ravvicinato, è anche l'impiego di fucili a canna liscia. Il G.O.I. ha utilizzato per lungo tempo lo SPAS-12 e 15 della Franchi. Più recente l'impiego dei fucili a pompa Beretta 202 e M-3, che possono essere utilizzati con diverso tipo di

munizionamento, incluso quello non letale, meno che letale e a palla frangibile (per la distruzione di cardini e serrature di porte). Dopo un lungo periodo nel quale il G.O.I. ha fatto uso dell'Heckler & Koch G-3 SG/1 quale fucile di precisione, il reparto fa oggi ampiamente uso del SAKO SSR Mk.3 (con silenziatore integrato Vaime) e TRG-21, e degli Accuracy International AW (Arctic Warfare) in cal. 7,62 x 51 mm. Preponderante anche l'impiego di fucili per il tiro di precisione "pesante". Al Barrett cal. 50 mm Light Fifty Modello 82 A1, introdotto alla fine degli anni '80, è andato a sostituirsi il McMilan M-87R, dello stesso calibro del predecessore ma del peso di 9,5 kg contro i 12 kg del Barrett. Il McMillan è in grado di ingaggiare bersagli fino a 2.000 metri e, oltre a essere impiegato contro personale nemico, è utilizzato per il tiro anti materiale, vale a dire la disabilitazione di mezzi ruotati (compresi blindati leggeri), aerei ed elicotteri al parcheggio, nonché la distruzione di ordigni inesplosi. Per quanto riguarda le mitragliatrici leggere, sulla scia dei SEALs, anche il G.O.I. ha impiegato, a partire dal dispiegamento in Afghanistan, l'M-60 A4 in cal. 7,62 x 51 mm, versione accorciata della M-60. Dotata di una caricatore a scatola da 50 o 100 copi e di un'impugnatura anteriore, l'M-60 A4 è facilmente trasportabile e può essere utilizzata anche dal fianco. Altre mitragliatrici leggere in uso sono la FN Minimi in cal. 5,56 x 45 mm e la Heckler & Koch 21 in cal. 7,62 mm, anch'essa dotata di impugnatura anteriore.
L'Instalaza C-90 (si tratta di un sistema individuale e spalleggiabile "usa e getta" di origine spagnola che ha soppiantato il precedente lanciarazzi ricaricabile "Blindicide" di origine belga) e il Panzerfaust 3 sono i lanciarazzi del reparto oramai da diverso tempo. Oltre che per la lotta contro carro, entrambi i sistemi d'arma sono impiegati per la difesa delle unità navali contro attacchi da parte di barchini suicidi.
In uso anche il missile filo guidato MILAN. Ricordiamo infine la pistola lancia dardi Heckler & Koch P-11, un'arma per impieghi speciali, utilizzabile tanto su terra quanto sott'acqua (a seconda della cartuccia). La P-11 impiega cartucce da 7.62 x 36 mm poiché le tradizionali cartucce non sono efficaci sott'acqua; sono, infatti, imprecise, vengono deviate dall'acqua, e hanno una gittata molto inferiore.

La portata di tiro teorica è di 30 metri fuori dall'acqua e 15 metri in immersione, anche se la portata effettiva in acqua è in realtà di circa 10 metri. La pistola ha una configurazione del tutto particolare: non dispone di un caricatore di colpi e né di un tamburo bensì di cinque canne indipendenti, disposte circolarmente. L'arma è particolarmente adatta per l'eliminazione silenziosa di personale nemico, anche se il suo impiego deve essere parsimonioso, dato che la ricarica può essere effettuata solo dalla ditta costruttrice, a un costo di circa 25 Euro per arma.

Il G.O.I. ha anche considerato l'uso di balestre, ma la loro dimensione non ne ha fatto un'arma agevolmente impiegabile in teatro di combattimento. Quando la discrezione è una necessità, meglio quindi utilizzare i pugnali, le MP5 SD o i fucili di precisione silenziati. Per quanto concerne il settore bombe a mano, il GOI impiega ordigni di fabbricazione nazionale, facendo anche uso di granate stordenti Flashbang. Queste vengono spesso impiegate negli interventi di liberazione ostaggi, unitamente alle maschere Antigas Avon SF-10 che, oltre a proteggere da agenti chimici, permettono, grazie a lenti scure, di non essere accecati dallo scoppio delle Flashbang.

Per quanto riguarda l'equipaggiamento subacqueo, il reparto utilizza autorespiratori ARA, impiegabili fino a sessanta metri, ARO a circolo di ossigeno "chiuso" (in pratica l'ossigeno respirato viene riciclato) e ARM, con miscele di azoto/ossigeno, utilizzato oltre i cinquanta metri. Nel parco mezzi acquatici, oltre a quelli per impieghi speciali già citati nella sezione storica, il G.O.I. fa uso dei potenti gommoni a chiglia rigida Hurricane. Lunghi 7,33 metri e propulsi da due motori silenziati fuoribordo da 200 cavalli, questi gommoni sono in grado di trasportare un intero distaccamento, più due membri d'equipaggio, raggiungendo una velocità di 35 nodi.

È recentemente emersa l'esistenza di un natante, soprannominato "Nessie", progettato dall'arch. Franco Harrauer e Renato Levi, realizzato nel 1970 a Passignano sul Trasimeno in collaborazione tra SAI Ambrosini e COS.MOS. di Livorno.

Il natante, lungo 16 metri e realizzato in lega leggera, era equipaggiato con 2 motori BPM da 500 CV ciascuno ed era in grado di navigare immerso a una velocità di 7 nodi e in superficie raggiungeva i 40 nodi, aveva una autonomia di 4 ore o 250 miglia, in superficie. Era in grado di trasportare 6 incursori subacquei, oltre ai 2 piloti. Infine, per determinate operazioni di infiltrazione via mare, gli operatori del GOI possono contare anche sull'utilizzo dei sommergibili del COMFORSUB (Comando Forze Subacquee). Per quanto riguarda i mezzi ruotati, tanto in Iraq quanto in Afghanistan, il G.O.I. ha fatto inizialmente utilizzato gli Iveco VM-90, muniti di mitragliatrice pesante Browning M-2 in cal. 50, un'arma micidiale in grado di sviluppare un'impressionante volume di fuoco. In uso anche Land Rover munite di Browning M-2 o lancia granate da MK-19 da 40 mm. Recentemente sono entrate in servizio le nuove Toyota Hilux, anch'esse equipaggiate di Browning M-2.

Armi di squadra

- Mitragliatrice leggera FN Minimi 5.56mm
- Mitragliatrice M60E3 7,62mm

- Mitragliatrice MG 42/59 7.62 mm
- Mitragliatrice Browning M2 12.7mm solo su automezzi
- Lanciagranate automatico H&K AGS 40 mm
- Lanciarazzi controcarro Instalaza C-90: si tratta di un sistema individuale e spalleggiabile "usa e getta" di origine spagnola che ha soppiantato il precedente lanciarazzi ricaricabile "Blindicide" di origine belga.

Sono utilizzate, inoltre, esplosivi e cariche da demolizione di vario genere. Per le trasmissioni sono impiegati apparati di alto contenuto tecnologico: radio palmari e terminali satellitari.

Imbarcazioni speciali: Futura Commando; RHIB (Rigid Hulled Inflatable Boat) di tipo Hurricane. Inoltre, data la prerogativa del reparto orientato all'attacco navale, il GOI è dotato di mezzi subacquei insidiosi moderni (concepiti, sviluppati e costruiti in Italia) che traggono le loro origini concettuali (sia tecniche che operative) dagli S.L.C. (siluri a lenta corsa, chiamati anche "maiali") impiegati dagli arditi incursori della Regia Marina durante la seconda guerra mondiale e dai minisommergili CA/CB dello stesso periodo. È recentemente emersa l'esistenza di un natante, soprannominato "Nessie", progettato dall'arch. Franco Harrauer e Renato Levi, realizzato nel 1970 a Passignano sul Trasimeno in collaborazione tra SAI Ambrosini e COS.MOS. di Livorno. Il natante, lungo 16 metri e realizzato in lega leggera, era equipaggiato con 2 motori BPM da 500 CV ciascuno ed era in grado di navigare immerso a una velocità di 7 nodi e in superficie raggiungeva i 40 nodi, aveva una autonomia di 4 ore o 250 miglia, in superficie. Era in grado di trasportare 6 incursori subacquei, oltre ai 2 piloti. Infine, per determinate operazioni di infiltrazione via mare, gli operatori del GOI possono contare anche sull'utilizzo dei sommergibili del COMFORSUB (Comando Forze Subacquee).

17° Stormo Incursori

Il 17° Stormo Incursori, già Reparto Incursori dell'Aeronautica Militare (RIAM) fino all'8 aprile 2008, trae le proprie origini dagli Arditi Distruttori della Regia Aeronautica (ADRA), reparto operante nella seconda guerra mondiale, soprattutto in Africa settentrionale, da cui ha ereditato anche il basco color sabbia. Il 17° Stormo è stato costituito sull'Aeroporto di Furbara, il 2 aprile 2008 ed è inquadrato nella 1ª Brigata aerea "Operazioni Speciali", una grande unità dell'Aeronautica Militare, con il compito di gestire il settore delle forze speciali e delle forze di protezione della forza armata. La 1ª Brigata aerea "Operazioni Speciali", intitolata al tenente colonnello Vezio Mezzetti, ha origine dal "1° Stormo caccia" creato a Brescia il 7 maggio 1923. Il reparto era formato dal 6° Gruppo di Aviano, dal 13° Gruppo di Venaria Reale e dal 23° Gruppo di Cinisello Balsamo. Durante la seconda guerra mondiale fu di stanza dal 1940 al 1942 all'aeroporto militare di Trapani-Milo. Fu ricostituito il 1° marzo 1959, come 1ª Aerobrigata intercettori teleguidati. Nel secondo dopoguerra e fino agli anni 2000 si occupava della difesa missilistica dell'Italia mediante le batterie missilistiche da essa dipendenti e schierate principalmente nel nord-est, con lo scopo di contrastare gli attacchi provenienti dai paesi dell'ex-patto di Varsavia. Nel 1985 fu rinominata 1ª Brigata aerea. Il 24 novembre 2006 fu lanciato l'ultimo missile Nike Hercules. Il 1° luglio 2007 il mutato assetto geopolitico internazionale e il progetto di trasformazione dell'Aeronautica Militare l'hanno trasformata nell'attuale denominazione con la cessione delle competenze missilistiche al 2° Stormo e l'hanno posta a capo delle unità devolute alla conduzione di operazioni speciali. Il suo comando, dopo moltissimi anni presso l'aeroporto di Padova fu trasferito a Roma Centocelle il 31 ottobre 2009 e, a partire dal 22 settembre 2014, è stato trasferito all'Aeroporto di Cervia-Pisignano (RA) sede del 15° Stormo. La brigata garantisce la supervisione dell'addestramento e il coordinamento delle unità con il Comando operativo delle forze speciali. Dalla brigata dipendono i seguenti reparti:

- 9° Stormo "Francesco Baracca", di stanza presso l'aeroporto Grazzanise di Caserta, che fa parte delle Unità di Supporto Operativo "SOOS - TIER 2".
- 15° Stormo, di stanza presso l'aeroporto di Cervia (RA).
- 16° Stormo "Protezione delle Forze", che si occupa della difesa terrestre delle infrastrutture militari aeronautiche e degli aeroporti militari. Tali compiti sono garantiti dai Fucilieri dell'Aria, un reparto di fanteria aviotrasportata della consistenza di un battaglione, che assicura la difesa a corto e medio raggio delle installazioni e degli assetti dell'Aeronautica Militare schierati sia fuori dai confini nazionali sia in Italia. La sede operativa e logistica dello Stormo si trova a Martina Franca, in provincia di Taranto.
- 17° Stormo Incursori.

Il 17° Stormo ha ereditato il motto dell'ex 17° Stormo I.T., Intercettori Teleguidati, di Padova: "Sufficit Animus", traducibile in "Basta l'Ardire", che ben si coniuga con le caratteristiche dell'Incursore. Il 17° Stormo Incursori dell'Aeronautica Militare continua a essere impegnato in tutte quelle attività che caratterizzano le Forze Speciali italiane, mantenendo la propria natura di strumento strategico moltiplicatore di forza del Potere Aereo nazionale in un contesto operativo internazionale notevolmente cambiato e connotato da minaccia "asimmetrica". Tale ambito richiede personale altamente specializzato e addestrato in grado di rispondere prontamente alle più disparate esigenze operative. Il 17° Stormo Incursori va a inserirsi quale nicchia d'eccellenza per la "Trasformazione dell'Aeronautica", poiché adatto e pronto ad agire in contesti operativi complessi a stretto contatto con alleati, partner, membri di coalizione e organizzazioni non governative. L'Aeroporto di Furbara è situato sul litorale Nord del Lazio, nel Comune di Cerveteri, a ridosso della SS1 Aurelia a circa 24 Km da Civitavecchia e 50 Km da Roma .

Storia

Durante la seconda guerra mondiale era necessario disporre di unità altamente specializzate addirittura per una sola operazione per volta. A tale scopo furono creati gli ADRA. Gli ADRA, Arditi Distruttori della Regia Aeronautica, precursori dell'odierno 17° Stormo, rispondevano all'ultima necessità e pertanto il reparto fu dispiegato in Nord Africa. Gli ADRA furono formati il 28 luglio 1942 con gli specifici compiti di effettuare azioni di sabotaggio su installazioni nemiche, aviotrasportate, anfibie o con altri mezzi. La forza iniziale era di 300 uomini. Quando il colonnello pilota paracadutista Giuseppe Baudoin era diventato il padre spirituale di tutti i paracadutisti italiani, dalla scuola militare di Tarquinia uscivano pronti alle prime operazioni i paracadutisti della Folgore, del "Battaglione P" e del Battaglione ADRA. Il primo obiettivo dell'ADRA doveva essere: *«Agire su determinati campi d'aviazione nemici, in concomitanza con le truppe terrestri, per l'occupazione dei campi stessi e per il loro riattamento, necessario per l'atterraggio dei reparti aerei destinati al trasporto delle truppe aviotrasportabili».*
(Trasmesso dallo Stato Maggiore della R.A.)

Nel 1942 il battaglione ADRA, inizialmente autonomo, venne incorporato nel 1° Reggimento d'Assalto "Amedeo d'Aosta", insieme al 1° Battaglione paracadutisti, con una forza di 300 uomini e al Battaglione "Loreto", con una forza di 800 uomini, che doveva presidiare le installazioni aeree occupate; entrambi erano stati creati in occasione dell'Operazione C3, la prevista occupazione di Malta. Nel giugno del 1943, poco prima dell'armistizio, il battaglione compì la sua prima e ultima missione per le forze dell'Asse. L'incarico era quello di paracadutarsi in pattuglie di nove uomini, precisamente dieci pattuglie affiancate da altre quattro del 10° Reggimento Arditi, su vari aeroporti alleati nell'Africa settentrionale, e distruggere il maggior numero possibile di velivoli. La missione ebbe inizio il 13 giugno, quando le pattuglie presero il volo da vari aeroporti di Sicilia, Sardegna, Provenza e Creta.

Due pattuglie non poterono partire, e le altre incontrarono varie difficoltà venendo quasi tutte neutralizzate. Le due pattuglie che avevano come obiettivo Bengasi riuscirono, con forti perdite, a far saltare 25 quadrimotori B-24 Liberator il 18 giugno; i due superstiti vennero catturati dagli arabi e poi consegnati agli inglesi. Nel luglio 1943, due pattuglie ADRA furono lanciate oltre le linee nemiche, nella parte di Sicilia occupata dagli alleati, per compiere missioni di sabotaggio. Dei 10 Arditi Distruttori lanciati, 5 riuscirono a rientrare nelle linee nazionali dopo aver compiuto la missione e furono decorati di Medaglia d'Argento al Valor Militare "sul campo". I cinque Arditi rientrati nelle linee e decorati con Medaglia d'Argento erano:

- Sergente Maggiore Ardito Paracadutista Urso Sebastiano, da Catania.
- Aviere Governo Ardito Paracadutista Carlini Raimondo, da Cagliari.
- Aviere Scelto Governo Ardito Paracadutista Costanzo Franco, da Cuneo.
- Aviere Scelto Elettricista Ardito Paracadutista Esposti Guido, da Roma.
- Aviere Governo Ardito Paracadutista Scalco Dionisio, da Brescia

La missione, secondo la motivazione della decorazione, ebbe luogo fra il 21 e il 26 luglio 1943. Particolarmente significativo il fatto che il Sergente Maggiore Urso, siciliano, rientrò nelle linee pur avendo tranquillamente potuto rimanere dopo la missione in Sicilia, a casa sua, per attendere senza altre preoccupazioni la fine della guerra.

Il 1° marzo 2003 viene costituito il Reparto incursori A.M., che nel 2008 assume l'odierna denominazione, con sede all'aeroporto di Furbara.

Attività

Gli incursori del 17° Stormo dell'AMI operano in un contesto interforze nazionale o, secondo le specifiche direttive politico-militari, in ambito NATO, UE o di coalizioni multinazionali, per il raggiungimento di obiettivi di carattere strategico e operativo, mediante l'esecuzione di operazioni speciali a forte connotazione aeronautica. In particolare la loro azione risulta particolarmente opportuna nei moderni conflitti asimmetrici, per la loro capacità di intervenire, in tempi ridottissimi e con procedure non convenzionali, a tutela degli interessi nazionali e per il contenimento dei rischi di natura politica generati dal terrorismo internazionale. Per l'assolvimento del compito assegnato il 17° Stormo è articolato su due Gruppi:
- Gruppo Operativo.
- Gruppo Addestramento.

Il Gruppo Operativo ha il compito di concorrere al raggiungimento degli obiettivi, di livello strategico e operativo, in operazioni Joint/Combined o, quando previsto, in operazioni Single Service, mediante l'esecuzione di Operazioni Speciali quali azioni dirette, ricognizioni speciali e assistenza militare.
Inoltre, gli Incursori A.M. sono specializzati nella conduzione di operazioni con una spiccata connotazione aeronautica:
- Missioni di ricerca e soccorso di piloti caduti in zona ostile, ovvero le cosiddette operazioni di Combat Search And Rescue (C/SAR)
- Designazione laser degli obiettivi attraverso il sistema di puntamento denominato Ground Laser Target Designator (GLTD)
- Individuazione/allestimento di piste d'atterraggio improvvisate per vettori aerei e la guida di assetti aerei in operazioni aerotattiche (Combat Controller).

Attualmente il Gruppo è impegnato in Afghanistan e contribuisce alla sicurezza del contingente italiano che opera, sotto il Comando NATO ISAF, per la ricostruzione del Paese. Il Gruppo Addestramento è composto da personale Soccorritore, il cui compito peculiare è quello di curare gli aspetti legati alla sopravvivenza nei vari ambienti (mare, montagna, deserto, zone ostili) e al recupero di velivoli inabissati, da personale Incursore, volto ad addestrare e preparare i giovani allievi e da personale specializzato nel settore EOR (riconoscimento di ordigni esplosivi), EOD (disinnesco di ordigni esplosivi) e IEDD (disinnesco di dispositivi esplosivi improvvisati) che, oltre alle attività di istituto, organizza numerosi corsi di qualifica per personale proveniente sia da enti A.M. che da altri enti. I compiti istituzionali del Gruppo prevedono inoltre la selezione e l'addestramento degli aspiranti allievi incursori.

Le missioni principali affidate agli incursori del 17° Stormo comprendono il Combat Controller e il Combat SAR. La funzione di Combat Controller, di solito assegnata a 2-3 elementi per plotone di 12, è il vero valore aggiunto che differenzia il reparto dalle altre unità di Forze Speciali e colma il divario delle nostre Forze Armate rispetto ad altre.

La funzione di Combat Controller rappresenta il cuore della specialità, che ne esalta la specificità e colma una lacuna nelle professionalità esistenti tra le Forze speciali italiane. Scaturisce dalla necessità, già avvertita in passato, di disporre di elementi in grado di conquistare, preparare, attrezzare e difendere piste di atterraggio o comunque superfici idonee a operazioni aeree, in aree remote e in ambiente non permissivo, quindi di dirigere da terra (da queste piste improvvisate) il traffico aereo nelle fasi di atterraggio e partenza nonché di assistenza. A tale scopo gli incursori necessitano di una completa abilitazione al combattimento, dell'idoneità al maneggio di esplosivi e al loro disinnesco, della capacità di posizionare e attivare sistemi di comunicazione, sistemi meteo e di ausilio alla navigazione aerea per fornire assistenza terminale, diurna e notturna, al traffico aereo militare nell'area di interesse. Questa specialità Combat Controller è ben apprezzata dagli americani; i loro Combat Controllers CCTs (da cui l'A.M.I. ha preso spunto per la creazione dell'incursore del 17° Stormo), infatti, vengono impiegati in quasi tutte le operazioni primarie delle Forze Speciali, inoltre alcuni membri vengono affiancati alla Delta Force o al DEVGRU in operazioni antiterrorismo. Il loro motto è, infatti, "First There" (i primi). È inutile dire che gli incursori dell'A.M. conseguono le stesse abilitazioni dei CCTs americani. I Combat Controller sono inoltre in grado di effettuare ricognizioni speciali da attuarsi in profondità in territorio ostile per la raccolta di informazioni su obiettivi e installazioni aeronautiche di particolare interesse e di procedere alla loro distruzione anche mediante la guida terminale sul bersaglio di armamento a guida laser. Quest'ultima capacità, resa di interesse strategico dall'assoluta necessità politico/militare di ridurre al minimo i danni collaterali, si affianca e potenzia quella da poco posta in essere dagli incursori di Esercito e Marina e dagli operatori FOS del 185° RAO. Il Combat SAR include la ricerca, individuazione e recupero di personale isolato in area ostile. Non rientra di norma nel novero delle operazioni speciali, ricadendo tra le attribuzioni degli aerosoccorritori più qualificati del 15° Stormo. In molte situazioni, tuttavia, e in particolare nel caso di operazioni che ricadano nella vasta zona grigia compresa tra le missioni propriamente di interposizione e quelle di imposizione della pace, la valenza strategica del recupero di personale abbattuto oltre le linee risulta innegabile, così come l'opportunità di affidare tali missioni al personale più qualificato, specie in assenza di complete informazioni operative e in presenza di una esfiltrazione suscettibile di richiedere uno scontro a fuoco, se non addirittura un'irruzione in ambienti ristretti. L'esperienza quotidiana delle operazioni speciali condotte dai reparti statunitensi in Medio Oriente dimostra che, al di là delle opportune specificità tecnico-operative dei singoli reparti di Forze speciali, risulta opportuno prevedere e sfruttare un'ampia zona di sovrapposizione di capacità, per fronteggiare le inevitabili carenze numeriche degli operatori rispetto alle crescenti richieste di intervento e per garantire una maggiore rapidità di risposta a situazioni di crisi improvvise, che non sempre consentono l'arrivo e l'impiego del reparto ritenuto più idoneo all'assolvimento del compito specifico. Gli incursori dell'Aeronautica sono pertanto in grado di operare insieme con le altre Forze Speciali nazionali nelle abituali missioni:

- Azioni dirette, ossia operazioni offensive contro obiettivi di rilevanza strategica o eventualmente operativa, con incursioni, colpi di mano e guida terminale di munizionamento di precisione.

- Ricognizioni speciali per l'acquisizione di informazioni di interesse strategico e operativo su di un nemico effettivo o potenziale, al fine di valutarne capacità, intenzioni e attività, integrando con l'osservazione visiva diretta (humint) e con supporti tecnologici i dati raccolti dagli altri assetti ricognitivi e di intelligence nazionali.

- Operazioni di assistenza militare nei confronti di forze amiche che richiedano appoggio tecnico e affiancamento in addestramento o in operazioni.
  Sono tipiche delle missioni multinazionali, che raccolgono contingenti talvolta eterogenei che richiedono l'assistenza dei Paesi militarmente più evoluti. La cooperazione che si instaura e i legami personali che si consolidano permetteranno comunque di meglio operare in aree di potenziale interesse.

- Concorso alle operazioni di controterrorismo, limitatamente agli atti che si verifichino all'estero. Possono comportare azioni di liberazione di ostaggi, cattura ed estradizione di terroristi e attacchi alle loro basi, recupero di materiali sensibili caduti nelle mani di gruppi eversivi, liberazione o ripristino delle condizioni di sicurezza di ambasciate nazionali o altre infrastrutture soggette alla nostra sovranità, incluse navi e aeromobili.

Organigramma e struttura

Il 17° Stormo incursori è organizzato secondo la seguente struttura:

- Comandante, affiancato dai seguenti organi di staff:
  - Ufficio Operazioni
  - Ufficio Comando
  - Infermeria di Reparto

Le principali articolazioni del 17° Stormo incursori sono invece:

- Gruppo operativo (50-60 elementi; si presume che, a regime, il numero di operativi sarà di circa 100 incursori)
- Gruppo addestramento
- Gruppo servizio di supporto
- Compagnia protezione delle forze
- Servizio amministrativo.

Selezione e tirocinio

L'accesso alla specialità incursori avviene per concorso interno all'Aeronautica Militare e per concorrere bisogna essere in servizio permanente nei seguenti ruoli:

- Ruolo delle armi normale o speciale (A.A.r.a.n/A.A.r.a.s) per gli ufficiali.
- Ruolo marescialli con qualsiasi categoria/specialità.
- Ruolo sergenti con qualsiasi categoria/specialità.
- Ruolo della truppa in servizio permanente con qualsiasi categoria/specialità.

Per superare il concorso è necessario superare, oltre le prove psico-attitudinali, le seguenti prove fisiche:

- Corsa piana 400 metri in 1 minuto e 15 secondi
- Salita alla fune di 5 metri di altezza
- Discesa in corda doppia da 10-15 metri di altezza
- Prova di acquaticità per 50 metri ininterrotti a stile libero
- Salto in acqua da trampolino di 3-5 metri di altezza
- Percorso di 200 metri trasportando alla "pompieristica" presunto infortunato del peso minimo di 75-80 kg
- Corsa piana di 3.000 metri in 15 minuti
- Minimo 8 trazioni alla sbarra
- Minimo 30 piegamenti sulle braccia
- Minimo 15 esercizi alle parallele
- Minimo 40 flessioni addominali
- Marcia con zavorra di 10 km con zaino completo di 20 kg in 76 minuti
- Marcia con zavorra di 15 km con zaino completo di 20 kg in 120 minuti.

Successivamente si accede alla seconda fase del concorso, in cui i candidati parteciperanno al tirocinio di selezione.

Il tirocinio di selezione svolto dagli aspiranti incursori dell'A.I., della durata di due settimane, mira ad accertare non solo le caratteristiche psico-fisiche e la resistenza fisica e mentale allo sforzo prolungato del candidato, ma anche le sue qualità morali e caratteriali, le motivazioni profonde che lo spingono ad affrontare pericoli e disagi e la loro capacità di reagire con calma e lucidità alle difficoltà, anche in presenza di forti fattori di stress, e a dare, comunque, il massimo di sé.

Per effettuare questi accertamenti i candidati sono mantenuti, sin dai primi giorni, sotto costante pressione fisica e mentale, dormono poco, accumulano progressivamente stanchezza e un forte stress, che dovranno imparare a sopportare e a gestire nel corso della selezione, senza avere reali possibilità di recupero e subiscono una costante alterazione dei cicli naturali di attività e riposo. Per tutto il periodo, i candidati sono mantenuti all'interno delle strutture militari, non possono fruire della libera uscita né raggiungere familiari e amici. Sono isolati con se stessi, e ogni attività è regolata dagli istruttori, che alternano gradualmente gli orari e la durata dei periodi di riposo, in modo da provocare vere e proprie crisi di sonno. Tutte le prove fisiche, come le marce zavorrate, sono alternate da periodi d'addestramento al combattimento, lavori tattici, test fisici e di cultura generale e tecnico professionale, durante i quali si deve dimostrare lucidità, capacità operative, resistenza mentale e ferrea volontà di non cedere alla stanchezza. Sono frequenti le esercitazione continue, che coprono, almeno parzialmente l'arco notturno, e ai candidati sono date poche possibilità di recuperare il sonno perduto. Il tirocinio, come detto, della durata di due settimane (una terza può però essere eventualmente dedicata al recupero d'attività, che non si sono potute svolgere per motivi di forza maggiore), include, dopo aver ripetuto le prove della preselezione, altre prove:

- 5 marce zavorrate a tempo, in uniforme da combattimento e zaino di 20 kg senza arma, su itinerari di difficoltà, dislivello e distanza variabile da 10 e 30 km: 10 km in piano da concludersi nel tempo massimo di un'ora e 16 minuti, 15 km su terreno vario e dislivello di 300 metri in due ore e 10 minuti, 21 km con forte dislivello di 900 metri in tre ore e 15 minuti, marcia di resistenza di 30 km in quattro ore e 28 minuti, marcia notturna in terreno accidentato, molto impegnativo, di 12 km.

- prove d'ardimento, presso il complesso "Lustrissimi" di Livorno, che prevedono il superamento di percorsi di guerra, ostacoli aerei e ponti di corda, per accertare le doti di coraggio, coordinazione e velocità.
- test d'acquaticità e Anfibia, alla Base a Mare, nuoto di superficie e voga. Inoltre altri test di varia natura, che includono, tra l'altro, il completamento di percorsi sotterranei per l'accertamento delle proprie capacità d'autocontrollo in situazioni e ambienti claustrofobici.

Molti di questi esercizi vengono variati a ogni corso, per evitare di far conoscere in anticipo ai candidati i particolari della selezione e impedire che possano prevedere ciò che li attende.

Non sono pertanto mai noti con esattezza i tempi entro i quali terminare una prova, o il punteggio minimo da conseguire in un determinato test. Questa insicurezza costringe i candidati a formare comunque lo sforzo massimo in ogni circostanza, impedisce loro di limitarsi al risultato minimo, anche se sufficiente e permette agli istruttori di valutare meglio le reali doti caratteriali dei candidati. Questa selezione iniziale determina una prima sostanziale "scrematura" dei partecipanti. Il personale ritenuto non idoneo ritorna ai reparti d'appartenenza, senza che alcuna annotazione negativa accompagni il loro curriculum individuale. Solo chi supera con successo entrambe le fasi della selezione, la preselezione all'idoneità fisica e il tirocinio, viene invece ammesso alla frequenza del corso Operatore Basico Incursori Aeronautica Militare BIAM (dal 2010 il corso di formazione viene svolto per intero presso il 17° Stormo Incursori di Furbara sebbene vengano mantenute delle aliquote in formazione presso enti di Forze Speciali nazionali ed internazionali.).

Corso Operatore Basico Incursori

Nato nel 2010 e svolto con cadenza annuale al 17° Stormo con i mezzi e uomini di reparto, il corso BIAM cura oggi la formazione basica degli incursori dell'Aeronautica Militare (in passato gli allievi incursori venivano inviati presso il RAFOS del Col Moschin) ha una durata di circa un anno. Il corso ricalca la formazione degli incursori dell'E.I. Gli istruttori che curano tale fase, in servizio al G.A. (Gruppo Addestramento) provengono:

- da personale Soccorritore, impiegato per le attività legate all'addestramento alla sopravvivenza nei vari ambienti (marino, montano, desertico e ostile);
- da personale Incursore con qualifica di Istruttore (brevettato al 9° Col Moschin), volto ad addestrare e preparare i giovani allievi;
- da personale specializzato nel settore EOR (riconoscimento di ordigni esplosivi), EOD (disinnesco di ordigni esplosivi) e IEDD (disinnesco di dispositivi esplosivi improvvisati).

I candidati incursori dell'A.M. che superano entrambe le fasi di selezione (preselezione fisica e tirocinio) vengono ammessi alla frequentazione di uno dei quattro o cinque (dipende dal disponibilità di personale e soldi) corsi OBOS (Operatore Basico Operazioni Speciali) organizzati annualmente dal RAFOS (Reparto Addestramento Forze Operazioni Speciali) del 9° Reggimento Col Moschin dell'E.I., completando il blocco di circa 25 allievi, tra aspiranti incursori E.I. e A.M., ranger, acquisitori, e reparti di volo del 26° REOS.
Tale corso attualmente include:

- 4 settimane dedicate al conseguimento del brevetto di paracadutismo con la fune di vincolo, per chi non ne risulta titolare, presso il CAPAR di Pisa.
- 5 settimane dedicate alla formazione teorico pratica sulla topografia, alle marce topografiche, all'apprendimento delle tecniche di orientamento e di navigazione terrestre.

- 3 settimane di addestramenti tecnici specifici sulle trasmissioni, sulle procedure di pronto soccorso e medicina tattica con la frequenza di un corso che ricalca il BLS (Basic Life Support) statunitense, su come intervenire tempestivamente in caso di ferite d'arma da fuoco, sulle manovre salvavita e sulle procedure di rianimazione cardio-polmonare, approfondimenti su armi e tiro (diurno e notturno) e pianificazioni delle operazioni militari.

- Sopravvivenza, evasione e fuga, resistenza agli interrogatori, della durata di 3 settimane, che insegna su come sopravvivere in qualsiasi ambiente, le tecniche di evasione e fuga, e di resistenza agli interrogatori. Sono tre settimane molto impegnative, che determinano spesso l'eliminazione di chi aveva superato senza problemi il corso OBOS. Gli allievi sono proiettati in un ambiente sconosciuto, in assoluta solitudine, per affrontare prove di sopravvivenza che inducono un profondo senso di insicurezza e di isolamento. Si svolge nel Lazio, in Toscana e in Sardegna e prevede anche una fase di sopravvivenza in mare. Un ulteriore periodo, in genere affrontato successivamente al reparto, riguarda la sopravvivenza in ambiente montano innevato e in zone di clima rigido. La fase di sopravvivenza è affidata a istruttori con qualifica di Soccorritore.

- Corso Operatore Radio e Trasmissioni per Forze Speciali, della durata di 3 settimane, che abilita all'uso dei vari e sofisticati apparati per le comunicazioni in dotazione, impiegati dal Reggimento, diversi da quelle in dotazione ai corpi convenzionali.

- Corso maneggio esplosivi, della durata di 8 settimane, che insegna le tecniche e le procedure di maneggio degli esplosivi, sulle tecniche di sabotaggio e di demolizione speditiva. La completa formazione di tutti gli operatori in questo specifico settore viene visto dagli ufficiali del Reggimento come un fattore di flessibilità e un motivo di vanto nella comunità internazionale delle forze speciali.

- Procedure tecnico tattiche per Forze speciali, tale fase è destinata all'addestramento individuale e di nucleo al combattimento e all'apprendimento delle tattiche e procedure operative standard delle minori unità FOS. Vengono curati nel dettaglio tutti gli aspetti relativi all'uso appropriato dell'equipaggiamento, le tecniche di mascheramento, mimetizzazione, movimento tattico, superamento ostacoli e mobilità verticale. Sono acquisiti i necessari automatismi nella predisposizione delle soste, dei bivacchi, nelle procedure di riordinamento e di reazione automatica immediata in caso di compromissione.

- Tre settimane sono dedicate alla ricerca, acquisizione e sorveglianza degli obiettivi, due invece alle azioni dirette su obiettivi tattici. Si prosegue con tattiche di combattimento e pattugliamento in ambiente urbano, predisposizione di zone di atterraggio elicotteri e tecniche di ricerca e inganno.

- Terminata tale parte del modulo si accede all'approfondimento delle procedure del distaccamento operativo incursori nelle situazioni tipiche d'impiego. Il corso include una serie di addestramenti specialistici della durata di una o due settimane. Due sono dedicate alla mobilità per FS, per l'apprendimento delle tattiche d'impiego e di sicurezza della pattuglia motorizzata, il cui utilizzo è divenuto preminente nelle missioni più recenti, e le predisposizioni da attuarsi in caso di contatto (RIA sui mezzi).

- Due ulteriori settimane approfondiscono le modalità di aerocooperazione per FS, con particolare riguardo all'impiego degli elicotteri; due riguardano le azioni dirette e gli interventi di antiterrorismo; due le procedure di scorta e protezione ravvicinata di personalità (close protection e tiro istintivo); due, infine, le tecniche di mobilità e combattimento in montagna per forze speciali.

- Addestramenti specifici di una settimana che toccano i temi delle operazioni in ambiente NBC (Nuclear Biological Chemical – Nucleare Biologico Chimico), della medicina tattica avanzata per FS, della ricognizione speciale e delle procedure Humint (Human Intelligence) di raccolta informativa per forze speciali. Nelle restanti viene approfondita la conoscenza di tutte le armi leggere in dotazione al reparto e gli allievi frequentano un ciclo di lezioni sulla fotointerpretazione delle riprese aeree.

Il corso si conclude con una esercitazione continuativa di due settimane e con degli esami finali. Gli allievi ritenuti idonei iniziano la fase di specializzazione, diversa per ogni reparto di destinazione finale. Tale corso, dopo il tirocinio di selezione, può essere tentato solo una volta, tuttavia coloro che, per motivi di salute (ad esempio in incidenti durante il corso), devono abbandonare l'OBOS, potranno reiniziare dal punto in cui si sono fermati nel successivo corso.

Abilitazione incursore A.M.

I candidati, che hanno terminato con successo il corso BIAM, iniziano quella di Perfezionamento per Incursore Paracadutista, della durata di 40 settimane, che ha lo scopo di completare la formazione degli allievi e specializzare il personale e renderlo in grado di operare nei diversi ambienti e scenari di impiego peculiari delle forze speciali.
Il perfezionamento include una serie di corsi di durata variabile svolti presso istituti dell'Aeronautica Militare e altri centri didattico-addestrativi esterni. I corsi sono i seguenti:

- 5 settimane: Corso Combattimento Avanzato per Forze Speciali CCAFS (al RAFOS del 9° Col Moschin) che permette di approfondire le tecniche di tiro istintivo e ravvicinato, di irruzione ed intervento nei più disparati scenari, contro obiettivi posti all'interno di varie tipologie di edifici. Tale fase, svolta insieme agli allievi incursori del 9° Colmoschin è sbarrante; rappresenta il primo momento nel quale gli allievi vengono messi alla prova e valutati dal Nono.

- 4 settimane: Addestramento Anfibio. Persegue l'apprendimento delle tecniche delle operazioni anfibie e include esercitazioni di navigazione diurna e notturna con gommoni con motore fuoribordo, pratica del nuoto operativo di superficie, messa a mare e recupero veloce da imbarcazioni (si svolge presso la base di Furbara del 17° Stormo).

- 6 settimane: Paracadutismo con la tecnica della Caduta Libera (TCL): si svolge presso il C.A.PAR. di Pisa, durante il quale si effettuano lanci ad apertura comandata da un'altezza massima di 3-4000 metri, senza l'impiego dell'ossigeno.

- 6 settimane: Basico di Addestramento Alpinistico (CA1), presso il Centro Addestramento Alpino di Aosta, sulle tecniche di arrampicata e movimento in montagna. che conferiscono la capacità di operate in sicurezza in ambienti montani.

- 6 settimane: Basico di Addestramento Sciistico (CS1), sempre presso il CEALP e dedicate all'apprendimento delle tecniche di movimento in montagna in ambiente innevato: sci alpinismo, prevenzione valanghe e sopravvivenza in climi rigidi.
- 12 settimane: Corso Combat Controller, che differenzia in modo peculiare gli Incursori dell'Aeronautica dagli altri reparti di Forze Speciali. Benché tendenzialmente destinato a tutti gli operatori, la sua frequenza è subordinata al possesso di un buon livello di conoscenza della lingua inglese, la cui padronanza risulta essenziale in molte sue fasi. Il corso include tre fasi distinte: un modulo traffico aereo di circa un mese a Pratica di Mare, che abilita all'assistenza terminale al traffico aereo militare su strisce improvvisate o scarsamente preparate, un modulo FAC per il controllo aereo avanzato in missioni di attacco al suolo, un mese a Guidonia, e una fase GLD per l'illuminazione terminale dell'armamento aereo a guida laser, comprensiva di una settimana di formazione teorica e una di tiri pratici, in Italia o all'estero, secondo la disponibilità di aerei e poligoni.

Al termine di questo lungo processo formativo, i pochi candidati sopravvissuti ricevono l'agognato brevetto d'incursore paracadutista, indossano il basco color sabbia e transitano nel Gruppo Operativo dove, affiancati da colleghi esperti, apprenderanno "sul campo" i mille segreti del loro difficile mestiere.

Corsi di perfezionamento

La formazione degli incursori, che non si può mai definire conclusa, prosegue anche durante l'impiego presso le compagnie operative. Con la frequenza di ulteriori corsi di specializzazione, sia in Italia sia all'estero, i singoli operatori potranno incrementare il loro bagaglio di conoscenze, compatibilmente con le loro attitudini specifiche e con le necessità organiche del reparto, e ampliare le loro possibilità d'intervento e di approfondire specifiche professionalità. Quelli che si svolgono in Italia sono:

1. Corso subacqueo, della durata di 12 settimane, presso il COMSUBIN di Varignano (La Spezia), per apprendere a operare con sicurezza nell'ambiente marino, con un approfondimento delle tecniche di nuoto operativo di superficie e subacqueo, e per conseguire l'abilitazione all'uso degli apparati subacquei A.R.O. (Auto Respiratore ad Ossigeno) e A.R.A. (Auto Respiratore ad Aria).

2. Corso di perfezionamento alpinistico e sciistico, presso il Centro addestramento Alpino di Aosta, per l'approfondimento delle tecniche alpinistiche e per l'apprendimento della capacità d'agire in ambienti artici e d'alta montagna, ed elevare il grado di mobilità operativa in condizioni particolarmente impegnative e in presenza di un avversario addestrato a operare in montagna. Il succedersi dei corsi può portare all'ottenimento delle qualifiche di istruttore o istruttore militare scelto di sci e di combattimento in montagna.

3. Corso avanzato di paracadutismo, della durata di 3-4 settimane, per l'apprendimento delle tecniche per lanci ad alta quota (di 7.000-11.000 metri) con ossigeno ad apertura a quote basse – HALO (High Altitude Low Opening) o con apertura ad alta quota e navigazione sotto vela – HAHO (High Altitude High Opening).

Corsi per specialità

Un Distaccamento Operativo ha al suo interno:
- un Incursore con specializzazione Combat Medic
- un Breacher: disattivatore EOD-IEDD
- un SFJTAC – Special Forces Joint Teminal Attack Controller
- uno o due Sniper.

1. Controllore del Fuoco per Operazioni Speciali (CF/OS) di tre settimane, che porta alla definitiva qualifica di SFJTAC. L'Incursore specialista si potrà trovare a gestire l'integrazione dei differenti mezzi aerei che possono intervenire in un'Operazione Speciale, dai jet che impiegano ordigni guidati agli elicotteri da trasporto e attacco, fino agli UAV incaricati di compiti ISTAR e che permettono agli operatori sul campo di ricevere in tempo reale informazioni ed aggiornamenti sulla situazione tattica. Va ricordàto inoltre che tale personale si esercita anche nella guida del fuoco terrestre e di quello navale, allo scopo di poter gestire il Joint Fire nel modo più versatile ed efficace.

2. Corso tiratore scelto, tenuto presso il 9° Reggimento "Col Moschin", per l'abilitazione al corretto utilizzo dei numerosi fucili di precisione in dotazione, derivato dal S.O.T.I.C. (Special Operations Target Interdiction Course) statunitense, studiato per il calibro 308.

3. Corso Combat Medic.
A livello nazionale gli Incursori destinati a questo settore conseguono la qualifica di "Soccorritore Militare" presso la Scuola di Sanità di Roma, dopo un corso di tre settimane che garantisce, tra l'altro, una sorta di veste legale per operare nell'ambito del primo soccorso, anche se con significative limitazioni. Special Operations Combat Medics (SOCM) Course", svolto presso l'ISTC di Pfullendorf e che insegna le procedure

fondamentali di pronto soccorso, come fermare le emorragie e garantire una corretta terapia infusionale e anti shock, e soprattutto il prestigioso corso "18D – Special Operations Combat Medic" dei Berretti Verdi americani. Della durata complessiva di circa un anno, quest'ultimo è tenuto presso il JFKSWTSC di Fort Bragg ed è dedicato esclusivamente alle Forze Speciali (per l'Italia lo frequentano anche operatori del GOI, del GIS e del 17° Stormo).

4. Corso EOD (Operatore Bonifica Ordigni Esplosivi) e Corso IEDD (Operatore Bonifica Ordigni Esplosivi Improvvisati),da frequentare presso il Centro Addestramento EOD della Scuola del Genio dell'Esercito.

Altri corsi

1. Corso scorte e protezione ravvicinata di personalità, tenuto presso il GIS, sulle tecniche di protezione e scorta di V.I.P, della durata di cinque settimane.
    Tre dedicate alla tematiche della protezione ravvicinata, e del tiro istintivo con armi corte e due all'apprendimento delle tecniche di guida veloce con modalità anti-sequestro.

2. Corso avanzato di lingua inglese, di approfondimento del corso base, per un completa conoscenza della lingua inglese, presso la SLEE di Perugia.

Altri corsi di perfezionamento vengono svolti all'estero, preceduti da un opportuno corso avanzato di lingua inglese tenuto presso la Scuola Lingue Estere dell'Esercito di Perugia. La maggior parte di questi corsi si tengono presso l'International Special Traning Center – ISTC di Pfullendorf, Germania, la scuola delle Forze Speciali della NATO, presso la quale gli incursori frequentano vari tipi di corsi, talvolta per coprire obiettive carenze dell'addestramento impartito in Patria, in altri casi per ricevere un'istruzione specialistica, che non risulterebbe economica organizzare e gestire autonomamente, perché rivolta a numero assai esiguo di operatori.

Armamento individuale

- Glock 17: Pistola semiautomatica a bloccaggio meccanico e funzionamento a rinculo, dotata di sicura al percussore, al grilletto e di un dispositivo di sicurezza contro la caduta dell'arma. Munizioni 9x19 mm Parabellum in caricatore bifilare da 17 cartucce. Il carrello, ricoperto in Tenifer, un materiale che evita la corrosione e l'usura di quest'elemento che è sottoposto a forte stress, e la canna, internamente cromata, sono in acciaio, il castello in polimeri, le guide per il carrello e le leve di scatto in lamiera, con un solo piccolo rinforzo in acciaio spinato al fusto in corrispondenza del blocchetto di chiusura. Un'arma ridotta alle sue sole parti essenziali, composta da 33 pezzi, facile da smontare e rimontare, robusta, affidabile, sicura, rapida nel fuoco e precisa.
- Beretta 92: pistola semiautomatica a chiusura geometrica con blocco oscillante. Munizioni 9x19 mm Parabellum. Caricatore prismatico removibile da 15 cartucce.
- Beretta 8000 Cougar: pistola semiautomatica a chiusura geometrica a corto rinculo, con canna rototraslante inserita in un carrello-otturatore interamente chiuso. Durante il rinculo, la canna gira su sé stessa di circa 30° gradi, per sbloccarsi dal carrello, rimanendo nell'asse orizzontale, mentre l'otturatore disimpegnato dalla canna prosegue la sua corsa retrograda fino all'espulsione del bossolo e all'armamento del cane. Il fusto è costituito da una particolare lega di alluminio e zinco detta Ergal. Munizioni 9x19 mm Parabellum. Caricatore da 15 colpi.
- MP5: pistola mitragliatrice che può essere usata in diverse modalità: semi automatica, automatica, o con selezione delle raffiche di colpi, più le sicure. Munizioni 9x19 mm Parabellum. Caricatore da 15 o 30 colpi.
- MP7: pistola mitragliatrice da difesa personale estremamente compatta e maneggevole, adatta all'uso in

ambiente urbano, costruita prevalentemente in materiali polimerici. Spara proiettili appositamente disegnati 4,6x30 mm in caricatori da 20 o 40 colpi. L'MP7 possiede una slitta superiore sulla quale possono essere montati svariati modelli di sistemi di mira (red dot) oltre che alle tradizionali tacche di mira. Possono essere inoltre montate delle slitte laterali in cui si possono fissare puntatori laser, torce o accessori simili. L'MP7 può anche essere dotato di silenziatore.

- FN P90: pistola mitragliatrice concepita come un'arma compatta ma potente per l'uso da parte di carristi, personale di supporto, forze speciali e unità anti-terrorismo. Munizioni 5,7x28 mm in caricatore rimovibile superiore da 50 colpi. Il P90 è un'arma a fuoco selettivo, operata a rinculo, con rateo di fuoco di circa 900 colpi al minuto.

- Colt M4: fucile d'assalto con munizioni 5,56x45 mm NATO, caricatore STANAG da 20 o 30 colpi, è stato recentemente incluso nella top five dei fucili d'assalto grazie alla sua maneggevolezza e versatilità.

- FN SCAR: fucile d'ordinanza modulare a fuoco selettivo disponibile in due versioni, a cui corrispondono diversi calibri: l'FN SCAR-L (da light, leggero) è la variante d'assalto in calibro 5,56 mm NATO e l'FN SCAR-H (da heavy, pesante) è la variante da battaglia in calibro 7,62 mm NATO adattabile sul campo di battaglia ad altre munizioni (come le 7,62 × 39 mm sovietiche).

- Heckler & Koch G36: fucile d'assalto tedesco calibro 5,56 × 45 mm NATO alimentato tramite caricatori da 30 o 100 (Beta C-Mag) colpi 5,56x45 mm NATO. Comandi di fuoco e selettore sono ambidestri, posizionati su entrambi i lati del castello; il selettore presenta tre lettere: S (Sicher, sicura), E (Einzelfeuer, colpo singolo) e F (Feurstoß, fuoco automatico). La sicura disabilita il grilletto quando inserita.

- Beretta SCP 70/90: fucile d'assalto variante del Beretta AR 70/90 per essere impiegata dai reparti paracadutisti. La sua caratteristica principale è di avere la canna più corta di 81mm per agevolarne l'impiego durante gli aviolanci. Munizioni 56x45 mm NATO con caricatore STANAG da 30 colpi. Possiede un selettore di tiro bilaterale posizionabile su 4 posizioni: sicura, colpo singolo, raffica controllata da tre colpi, raffica. La canna è rigata da 6 righe destrorse con passo da 178 mm.

- Steyr AUG: fucile d'assalto camerato in versione standard per il proiettile 5,56×45 mm NATO. Il fucile non presenta un selettore di fuoco, ma un grilletto progressivo: se portato a metà corsa, l'arma sparerà a colpo singolo, a fine corsa in fuoco automatico. Quando la sicura è inserita, il grilletto è disabilitato. Il fucile è alimentato tramite caricatori a doppia colonna in polimero ultraresistente trasparenti. La versione mitragliatrice leggera sfrutta caricatori appositi da 42 colpi invece che 30. Il fucile è completamente ambidestro. L'arma può essere utilizzata da un operatore mancino semplicemente sostituendo un otturatore destro con uno sinistro e coprendo la porta di eiezione sul lato destro dell'arma.

- Benelli M4 Super 90: fucile a canna liscia semiautomatico a presa di gas, spara cartucce calibro 12 mm di tutti i tipi, dalle classiche a pallini e pallettoni a quelle slug, a quelle non letali o lacrimogene, sia a carica normale che magnum in modalità semi automatica a recupero di gas. Essendo un fucile a canna liscia, la sua portata è abbastanza ridotta; infatti, è difficile colpire efficacemente un bersaglio a più di 30-40 metri di distanza, poiché, allargandosi la rosata, può succedere che nessuno o pochi pallettoni colpiscano il bersaglio.

- HK G3: fucile da battaglia con ciclo di sparo semiautomatico e automatico, e funzionamento tramite sistema di chiusura a rulli contrapposti. Le caratteristiche principali dell'HK G3 sono la sua maneggevolezza, la sua affidabilità, intuitività d'utilizzo e la sua precisione. Munizioni 7,62x51 mm NATO caricatore da 20 colpi o Beta C-Mag da 100 colpi.

- Sako TRG-42: fucile di precisione progettato per sparare le munizioni .300 Winchester Magnum e le .338 Lapua Magnum. Per ridurre rinculo, sobbalzo e fiammata, sono normalmente montati dei freni di bocca. Generalmente i TRG sono equipaggiati con dei mirini telescopici Carl Zeiss o Schmidt & Bender, con potenza fissa di ingrandimento o con ingrandimento variabile. La canna dei TRG è fabbricata interamente in acciaio inox: questo favorisce l'utilizzo di tutte le cartucce disponibili, nonostante la loro diversa lunghezza, scanalatura di taglio e velocità di torsione.

- BCM Europearms Extreme MAAR: fucile di precisione monocolpoa otturatore girevole-scorrevole di grosso calibro per utilizzi a lunga e lunghissima distanza.

- Barrett M82A1: fucile semiautomatico di precisione a recupero di gas in calibro 12,7x99 mm NATO. Grazie alla lunga gittata e la disponibilità di munizioni altamente efficaci (come API o Raufoss Mk 211) l'M82 si rivela molto efficace contro obiettivi come stazioni radar, camion, aerei ed elicotteri parcheggiati, ma può essere usato per colpire soldati distanti o dietro protezioni. Il fusto del fucile è composto da due parti (superiore e inferiore), stampato in lamiera d'acciaio e collegati da cross-pin. La canna è scanalata per migliorare la dissipazione del calore e risparmiare peso. Sulla volata presenta un freno di bocca di grandi dimensioni che nelle prime versioni era di sezione rotonda con due fori per lato mentre i successivi modelli sono equipaggiati con un freno sempre a due fori per lato ma di sezione rettangolare in grado di ridurre lo sforzo di rinculo del 65%.

- Extrema Ratio ADRA: coltello da combattimento dal peso di 331 grammi, lunghezza totale 311 mm e lunghezza lama di 178 mm. Materiale Lama: acciaio Böhler N690 (58HRC).

G.I.S. - Gruppo Intervento Speciale

Nascosti da un passamontagna e da una tuta arrivano, dall'alto, silenziosi come la notte, veloci come la folgore, neri come la morte!

Il Gruppo di intervento speciale (GIS) è un reparto d'elite dell'Arma dei Carabinieri. Creato i 6 febbraio 1978, è inquadrato nella Seconda Brigata Mobile Carabinieri, grande unità militare terrestre di fanteria dell'Arma di cui fanno parte anche il 7° Reggimento Carabinieri "Trentino-Alto Adige" con sede a Laives (BZ), il 13° Reggimento Carabinieri "Friuli-Venezia Giulia" con sede a Gorizia e il 1° Reggimento Carabinieri Tuscania. Il GIS ha una duplice natura: nato nel 1978 come unità d'élite delle forze dell'ordine, le teste di cuoio, dal 2004 è anche unità delle Forze Speciali, predisposta per ogni tipo di azione militare ad alto rischio nei teatri internazionali; il GIS è inquadrato nella seconda Brigata mobile carabinieri e dipende operativamente dal Comando interforze per le operazioni delle forze speciali. I suoi componenti, a differenza delle altre forze speciali italiane, oltre alla qualifica di incursore, hanno anche quella di agente di pubblica sicurezza. Svolge compiti di antiterrorismo nell'ambito dell'ordine pubblico. Poche sono le cose che si possono dare per certe e d'altra parte così deve essere se si vuole mantenere in efficienza un'unità di pronto intervento di questa levatura. Basti dire che gli stessi componenti del Gruppo di Intervento Speciale non rivelano i loro compiti neppure ai familiari: al massimo qualche moglie o qualche padre può venire sommariamente a conoscenza del fatto che il marito o il figlio è un membro del GIS. Nulla più. Il GIS può essere chiamato a intervenire su attivazione del Ministero dell'Interno, che contatta il Comando Generale, oppure direttamente dall'Arma.

Le missioni nel primo caso riguardano:

- Operazioni di rilascio di ostaggi presi da terroristi o bande criminali particolarmente pericolose
- Il recupero di obiettivi vitali occupati da terroristi
- La protezione di meeting internazionali particolarmente importanti e a rischio

Per il Comando Generale, le chiamate d'intervento possono riguardare:

- La risoluzione di sequestri dove sussistono forti rischi per gli ostaggi
- Le operazioni di supporto particolare ad altre operazioni dell'Arma in cui sono richieste particolari valenze, come la cattura di pericolosi latitanti e l'irruzione all'interno di covi
- La scorta e la protezione.

Per quanto riguarda la collaborazione con le operazioni prettamente di polizia giudiziaria dell'Arma, basterà ricordare la cattura di un mercantile, con a bordo un grosso carico di droga, che incrociava a largo della costa laziale nel dicembre del 1999. Gli operatori del GIS sono giunti a bordo di elicotteri e, grazie al fast rope, sono sbarcati sul ponte della nave in movimento, prendendone il controllo.

Fra le altre cose, il reparto si occupa dell'addestramento di tutti i carabinieri addetti ai servizi di scorta. In tempi più recenti si è aggiunto un altro impegno delicato cioè la presenza in particolari missioni all'estero, al fianco delle forze italiane di pace distaccate in Bosnia-Erzegovina, in Kosovo e in Iraq. La richiesta d'intervento può giungere da ogni parte d'Italia per il quale il personale della 1ª Aliquota d'intervento, al segnale d'allarme, si catapulta letteralmente verso l'armeria, dove, in

apposite casse, è sempre pronto l'equipaggiamento per qualsiasi tipo d'intervento. Vi sono armi ed equipaggiamenti d'impiego generale e altri specifici per determinate situazioni. La 2ª Aliquota d'intervento è pronta a partire entro tre ore, ma sappiamo che questi tempi possono anche essere più corti, portando al suo seguito altro materiale ed equipaggiamento che si ritenesse utile. Il resto dell'unità può giungere in zona in meno di 24 ore. Quando gli operatori giungono sull'obiettivo, il comandante, si presenta all'autorità giuridica responsabile e si appresta a coordinare e controllare l'attività, studiando le possibilità d'intervento. Immediatamente i tiratori scelti e il personale per la ricognizione si dispongono intorno all'obiettivo, mettendo in postazione le armi e in funzione una serie di apparati, come i microfoni direzionali, che consentono di farsi un'idea della situazione all'interno del medesimo, cercando di avvicinarsi il più possibile senza essere scorti. In un'area nei pressi, la squadra d'assalto ricostruisce, sulla base delle informazioni ricevute, l'obiettivo ed elabora un piano d'intervento. Alcuni possibili scenari operativi, come aeroporti, luoghi di conferenze e istituzionali sono conosciuti perfettamente dal reparto. In testa alle priorità del reparto, vi è la salvaguardia della vita degli ostaggi. Si tratta di un compito estremamente impegnativo perché i sequestratori sono spesso persone pronte a tutto se non fanatici. L'azione si fonda su tre principi fondamentali: Sorpresa, Rapidità, Precisione oltre a velocità nel fuoco. Generalmente questi tre principi vengono realizzati tramite un'azione diversiva, che attira l'attenzione dei sequestratori, un'entrata in massa di saturazione, per aumentare le probabilità di successo, e la rapidità nella neutralizzazione dell'avversario.
Colpire significa colpire per azzerare istantaneamente la minaccia, per cui i bersagli devono essere colpiti con la massima precisione.Il Ministero della Difesa impiega i GIS per la liberazione di ostaggi da aerei, navi, treni, autobus ed edifici.
Li chiama anche per proteggere obiettivi sensibili da attacchi terroristici o criminali e per garantire la sorveglianza e la sicurezza in occasione di eventi ad alto rischio.
I GIS sono impiegati dal Comando generale dell'Arma dei Carabinieri per garantire la sicurezza di personalità minacciate o

per coadiuvare le unità territoriali in situazioni di crisi come rapimenti e cattura di criminali, latitanti o evasi pericolosi.

Essendo Carabinieri, inoltre, sono dispiegabili fuori dall'Italia in occasione di interventi internazionali di peace-keeping/peace-enforcing per condurre operazioni di antiterrorismo o per la protezione di cittadini o interessi italiani. Occasionalmente sono incaricati anche dell'addestramento di personale di polizie estere. In Italia non c'è un'unica unità dedicata specificatamente a compiti di antiterrorismo nell'ambito dell'ordine pubblico. Oltre ai GIS anche i NOCS (Nucleo Operativo Centrale di Sicurezza) della Polizia di Stato operano in azioni antiterrorismo. A partire dal 2004, il Comando generale dell'Arma dei Carabinieri, ha promosso il Gruppo d'intervento speciale, da unità controterrorismo a vera e propria forza speciale, enfatizzando maggiormente la preparazione per i dispiegamenti nelle basi militari all'estero.

In forza di ciò, l'attivazione dell'unità per operazioni fuori area potrà essere richiesta direttamente dal "COFS" (Comando interforze per le Operazioni delle Forze Speciali), con sede presso l'aeroporto "Francesco Baracca" di Centocelle (Roma).

Durante gli anni settanta del secolo scorso (i cosiddetti anni di piombo) le istituzioni politiche e civili italiane subirono un violento assalto da parte di gruppi terroristici endemici. Sebbene il Governo non avesse preso delle iniziative ufficiali, nei reparti d'elite delle Forze armate e di Polizia furono create unità per lo sviluppo e la sperimentazione di tecniche di intervento in situazioni di crisi in presenza di ostaggi.

Il 18 ottobre 1977 la volontà politica mutò a seguito del successo dell'operazione Magic Fire condotta dai tedeschi del GSG-9 che in Somalia riuscirono a liberare 86 passeggeri di un aereo Lufthansa dirottato e ancora in mano ai terroristi. A seguito di questa azione, l'allora Ministro degli Interni Francesco Cossiga ordinò la creazione di quattro UN.I.S. (UNità Interventi Speciali) che si sarebbero dovuti specializzare in anti-terrorismo da parte:

- Della Marina Militare che dedicò un'aliquota del COM.SUB.IN. (Comando Subacqueo Incursori).

- Dell'Esercito che dedicò un'aliquota del 9° Battaglione paracadutisti d'assalto '"Col Moschin" (ora diventato reggimento).
- Dei carabinieri che attinsero dal 1° Battaglione Carabinieri paracadutisti "Tuscania" (anch'esso diventato reggimento).
- Della Polizia di Stato che specializzò ulteriormente alcuni reparti creati per appoggiare le azioni antiterrorismo di UCIGOS (ora riordinato) e DIGOS.

Il GIS fu istituito ufficialmente il 6 febbraio 1978.
Per l'addestramento dei primi operatori, si usufruì dell'esperienza del Gruppo Operativo Incursori del COM.SUB.IN., dello Special Air Service britannico e del Grenzschutzgruppe 9 dell'allora Germania Federale. Le unità delle Forze armate sono specificatamente rivolte a interventi in ambiti militari, quelle della Polizia di Stato all'ambito civile e di ordine pubblico mentre quelle dei Carabinieri possono operare in entrambi i casi. Mentre Marina Militare ed Esercito mantennero il personale UN.I.S all'interno dei loro reparti di origine, il Comando generale dell'Arma dei carabinieri (così come la Polizia di Stato con i NOCS) preferì istituire un nuovo gruppo autonomo denominato GIS, Gruppo Intervento Speciale. L'esordio pubblico dei GIS avvenne a Trani (BT) il 29 dicembre 1980, quando nel carcere scoppiò una rivolta capeggiata da terroristi.

Azioni note

Le principali azioni note in cui sono stati coinvolti i GIS sono:

- **28 dicembre 1980, carcere di Trani (BT)**

  Intervento all'interno del carcere dove si erano asserragliati alcuni esponenti delle Brigate Rosse. Al termine di violenti conflitti a fuoco e lanci di bombe dalle due parti, vengono liberati i 18 agenti di custodia presi in ostaggio. Molti coinvolti nel blitz vengono feriti, ma nessuno viene ucciso nello scontro. Benché fosse nato oramai da diversi anni, l'esistenza del G.I.S. venne svelata all'opinione pubblica italiana solo in occasione della riacquisizione del carcere di Trani. Gli operatori vennero inseriti tramite elicottero sul tetto dell'istituto di pena, devastato dalla rivolta di ottanta detenuti rinchiusi all'interno, i quali avevano preso in ostaggio diciotto agenti di custodia. I militari hanno rapidamente riportato l'ordine, riconsegnando la struttura nelle mani dello Stato. Ecco come, un noto quotidiano romano ha riportato ai suoi lettori l'accaduto la mattina successiva: "Tre elicotteri sono arrivati all'improvviso, verso le 16.15: uno controllava dall'alto mentre gli altri si posavano sui 'coperchi' della prigione. Portavano ordigni paralizzanti e cariche esplosive al plastico. Pochi minuti più tardi, a trenta secondi uno dall'altro, scoppiavano i primi ordigni: tonfi sordi, terribili. Si doveva far breccia sui muri e scardinare le cancellate, aprire varchi. Altre deflagrazioni si succedevano a una distanza di tempo impressionante, poiché lasciavano prevedere resistenze e ostacoli... e tra uno scoppio e l'altro, i rimbombi delle sventagliate di mitra e ogni tanto singoli spari di revolver. La battaglia è stata furibonda. Il raid di Trani ha rivelato, all'improvviso, l'esistenza di un reparto speciale dei Carabinieri, efficientissimo e moderno. La cosa che ha suscitato il più grande stupore non è stata tanto la condotta di tutta l'operazione, peraltro esemplare, quanto che nessuno sapeva dell'esistenza di questi uomini, né chi fossero né quanti fossero." Sembrerebbe che il Tuscania dell'Arma, abbia effettuato la cinturazione dell'obiettivo poco prima dell'intervento condotto dal G.I.S., anche se la notizia resta da confermare.

- **25 agosto 1987, Isola d'Elba, carcere di Porto Azzurro (Livorno)**

6 detenuti condannati all'ergastolo, tra cui il terrorista nero Mario Tuti, prendono in ostaggio altri undici detenuti, diciassette guardie carcerarie e cinque civili. Secondo le cronache dell'epoca, gli ostaggi vennero liberati dopo trattative con i magistrati, ma il capo dell'epoca dei NOCS, Umberto Improta, rivelò in seguito si fosse trattato di un blitz congiunto di GIS e NOCS tenuto riservato per non influenzare l'iter della legge Gozzini relativa ai benefici carcerari.

- **24 giugno 1989, Oria (Brindisi)**

Roberto Di Giovanni, giovane di 26 anni già sottoposto a cure presso centri di igiene mentale e le cui condizioni si aggravano dopo la morte della madre, si barrica in casa con una pistola e alcuni fucili da caccia e spara oltre duecento colpi, dapprima sui passanti, poi alle forze dell'ordine intervenute, nel complesso uccidendo una persona e ferendone altre dieci, tra cui quattro carabinieri e un poliziotto. Tutti i tentativi di negoziato sono inutili, in quanto il ragazzo spara su tutto ciò che si muove all'esterno della casa. Arrivata la notte, il nucleo d'assalto dei GIS impiega il gas e irrompe nell'abitazione, arrestando dopo una breve colluttazione il giovane.

- **Dicembre 1989, San Luca (Reggio Calabria)**

Cattura dell'esponente della 'ndrangheta Strangio, nell'ambito delle attività di indagine sul sequestro di Cesare Casella.

- **17 aprile 1990, Santa Margherita Ligure (Genova)**

Liberazione di Patrizia Tacchella.

- **8 Novembre 1991, Aspromonte**

Liberazione del farmacista Egidio Sestito, in collaborazione con lo Squadrone Eliportato Carabinieri "Cacciatori" di Calabria. L'uomo era stato rapito il 9 Ottobre precedente. Sembra che al momento del contatto tra sequestratori e militari, questi ultimi abbiano sparato in aria per convincere i rapitori ad abbandonare l'ostaggio. I rapitori sono riusciti a fuggire, ma Sestito è stato recuperato incolume.
"Sono riconoscente a questi meravigliosi ragazzi. Se sono libero lo devo a loro, solo a loro", ha dichiarato l'ex ostaggio.

- **16 gennaio 1995, Segrate (Milano)**

Ben sei ore e mezzo è durato l'incubo di Raffaele Alessi, diciassettenne sequestrato nell'appartamento del padre a Segrate da due criminali albanesi. Il dramma era iniziato quando alle ore 07:45, Tonin Ndoja, accompagnato da una connazionale, si era introdotto nell'abitazione di Lucio Clarelli, situata al primo piano di una palazzina di Segrate. All'interno si trova la compagna dell'uomo, Caterina Capozza che riesce a chiudere il balordo in uno sgabuzzino e fugge. Ma in casa resta Raffaele, figlio dell'uomo, il nonno paterno Giovanni e la madre della Capozza. Secondo Ndoja, Lucio Clarelli (originario della Puglia e con precedenti per truffa ed estorsione) gli avrebbe cambiato 160 milioni di lire in marchi poco tempo prima ma, stando al racconto del criminale, la valuta sarebbe successivamente risultata falsa. I 160 milioni erano stati raccolti da Ndoja e da altri connazionali per mezzo di attivià' non chiare ed erano destinati ad alcuni connazionali in Albania. Questi ultimi, accortisi della truffa, avrebbero preso in ostaggio alcuni parenti di Ndoja per convincerlo a recuperare la somma. La coppia di albanesi sarebbe arrivata quella mattina alla casa chiedendo di Lucio alla convivente Caterina Capozza, la quale ha detto loro che l'uomo non era in casa in quel momento, facendoli comunque entrare nell'appartamento. Al momento opportuno, la Capozza ha chiuso l'uomo in uno sgabuzzino ed è fuggita dopo aver spintonato la ragazza. Ndoja si è infine liberato sparando due colpi di pistola alla serratura della porta. Le detonazioni hanno insospettito i vicini, i quali hanno immediatamente allertato i Carabinieri. Giovanni Clarelli, chiusosi in una stanza, segnala la sua presenza ai carabinieri accorsi nel frattempo, e si lancia dalla finestra su di un telo dei pompieri. Nel mentre Ndoja intavola le trattative con la Polizia per la consegna della somma. Sul luogo giunge una funzionaria di Polizia che, dopo essere entrata nell'abitazione, ottiene la liberazione della madre della Capozza, la signora Musillo. Nelle mani dei balordi resta ora solo Raffaele. Alle 14:55 vengono consegnati a Ndoja 80 dei 160 milioni richiesti. Il criminale, che intende ottenere la somma in tempo per prendere l'aereo delle 17:00 per Tirana, lancia un ultimatum: se entro quattro minuti non otterrà il resto della somma, ucciderà Raffaele. Si decide quindi per l' intervento immediato del G.I.S., giunto nel frattempo da Livorno. Alle 15:01, tredici operatori divisi in due squadre irrompono all'interno dell'obiettivo da due punti diversi. Otto militari si appostano al di fuori dell'ingresso principale, posizionandovi un cannone ad acqua con il quale scardineranno la porta dell'appartamento. Altri cinque collocano una scaletta ai piedi di una finestra della casa.

Al segnale di "via" vengono fatte saltare, a scopo diversivo, due finestre ubicate lontano dai due punti d'entrata. I militari in attesa sulla strada entrano attraverso la finestra dopo aver lanciato all'interno della stanza una flashbang. Ndoja, ancora armato nel corridoio e distratto da un telefonata da parte del sostituto procuratore, viene ferito allo stomaco da due colpi di MP5. La ragazza è colpita dalla porta scardinata e neutralizzata con un pugno in viso. L'assalto non dura più di quattro secondi, e l'ostaggio viene tratto in salvo incolume. *"Ho sentito dei botti, poi dei colpi"*, racconterà Raffaele dopo la liberazione. *"Ho capito che stava accadendo qualcosa. Mi sono trovato davanti quegli uomini incappucciati: mi hanno gridato di stare giù. Poi ho capito che era finita, proprio finita, e che finalmente tornavo libero."*

- **4 Marzo 1995, Verona**

Il G.I.S. sventa una rapina di due miliardi di lire a un furgone portavalori. Alle 22:00 circa, il mezzo aveva appena prelevato l'incasso della giornata da un supermercato nel centro di Verona, quando è stato bloccato da un furgoncino bianco e tamponato da una Thema grigia all'uscita del garage del supermercato. A supportarli, nelle vicinanze, un'altra macchina. Cinque rapinatori hanno fatto per assaltare il furgone, ma la reazione degli operatori del G.I.S. (una sessantina, appostati in diverse macchine senza contrassegni) è stata fulminea. Alla vista dei militari, i criminali hanno cercato di aprire il fuoco, ma le capacità di tiro degli operatori non gli hanno lasciato scampo. Due rapinatori sono stati abbattuti, gli altri tre feriti e catturati.

- **Sabato 9 maggio 1997, piazza San Marco (Venezia)**

Il G.I.S. è chiamato a riprendere possesso del campanile di piazza San Marco a Venezia, occupato da uno sparuto gruppetto di sedicenti separatisti della

"Serenissima Repubblica Veneta". L'azione dei "Serenissimi" (otto uomini provenienti dalle zone di Padova e Verona e di età compresa tra i venti e i quarantasei anni) ha avuto inizio alle 00:30 circa di sabato 9 maggio quando, all'urlo di "Questa e' un'azione di guerra", sequestrano un traghetto all'imbarco dell'isola di Tronchetto. Munito di un improvvisato mezzo blindato (in seguito rivelatosi una comunissima macchina agricola modificata a effetto), di un camper e armati di un vecchio mitra MAB risalente al Secondo Conflitto Mondiale, il gruppo raggiunge il campanile di Piazza San Marco alle 01:00, occupandolo dopo averne forzato la porta d'entrata con il mezzo blindato. Sul campanile viene issata la bandiera con l'effige del leone di San Marco, mentre due uomini restano nel blindato. Alle 01:30, alcuni studenti sulla piazza notano il movimento e avvisano le forze di polizia. Alle 04:00, ventiquattro operatori del G.I.S. giungono dalla base operativa di Livorno. Alle 05:15 il blindato effettua alcune manovre su piazza San Marco, mentre il gruppo di "separatisti" da il via alle trattative con l'allora Sindaco di Venezia, Massimo Cacciari. Alle 06:30, i due uomini rimasti nel blindato si inseriscono sulle frequenze dell'edizione mattutina del TG1, leggendo un proclama di secessione. Alle 08:35 si decide di porre fine all'assedio. Sotto la copertura dei tiratori scelti, gli operatori si muovono. In otto minuti, quattro militari scalano un'impalcatura per lavori posta al di fuori della torre, fino a raggiungerne la sommità. Dal basso, un'altra squadra procede attraverso le scale e dal loggiato. Una volta in posizione, in soli due minuti i militi neutralizzano i "Serenissimi" senza sparare un singolo colpo. Nel mentre, a terra, due operatori intimano agli occupanti del blindato di abbandonare il mezzo, sotto la minaccia dell'esplosivo. Nel campanile saranno rinvenuti il MAB, manifesti propagandistici, viveri e biancheria di ricambio. L'unico momento di tensione lo si è avuto quando, all'Alt intimato da uno dei militari (di origine siciliana), i sospetti hanno risposto in dialetto veneto, disorientandolo. Agli otto sarà contestato il reato di sequestro di persona e di attentato all'unità nazionale.

- **7 giugno 2000, Torino**

Tutto ha inizio il precedente 19 maggio. La quindicenne Rosa Laura Spadafora viene rapita all'uscita della scuola da un gruppo di balordi. La ragazza telefona a casa dal proprio luogo di prigionia: i rapitori pretendono un riscatto di un miliardo di lire. Dopo quindici giorni di indagini, sono individuati in quattro elementi: due albanesi e due italiani. Dalle intercettazioni telefoniche effettuate, sembra che i delinquenti abbiano capito di essere alle strette e paventano l'ipotesi di uccidere l'ostaggio. La sera del 6 giugno viene quindi allertata la squadra d'intervento, costituita da otto uomini del G.I.S. e due del Raggruppamento Operativo Speciale. Alle 22:00 circa, gli operatori giungono da Livorno all'aeroporto di Torino Caselle a bordo di un Hercules C-130. Giunti al Comando Provinciale, gli uomini preparano la successiva perlustrazione dell'obiettivo, percorrendo in abiti civili e a piedi la strada (via Malta) ove è stato individuato il covo dei rapitori (un appartamento all'interno di un condominio di sette piani). Tornato presso il Comando Provinciale, il gruppo di professionisti mette a punto gli ultimi dettagli del piano, anche grazie alla planimetria dell'appartamento. Alle 02:00 il raid ha inizio. La squadra d'intervento si introduce nel condominio raggiungendo il settimo piano, ove è sito l'appartamento dei rapitori. Con uno speciale apparecchio, i carabinieri sono in grado di ascoltare il respiro regolare degli occupanti della casa, immersi in un sonno profondo. Viene dato il segnale di via. Dopo aver abbattuto la porta (non blindata) con un piccolo ariete, gli operatori si riversano all'interno dell'obiettivo, "saturando" tutti i locali. Non viene sparato un colpo e in una manciata di secondi gli assaltatori immobilizzano i quattro rapitori. L'ostaggio si trova in stanza di Silvano Bassanino e della sua compagna albanese Viollca Qosja. Mentre uno dei carabinieri punta la propria MP5 contro i due, un secondo si sposta sull'ostaggio al fine di proteggerlo. Immobilizzata tutta la banda, la ragazza è trasportata in spalla fuori dall'appartamento. L'intera operazione ha avuto termine in circa diciotto secondi. Oltre al Bassanino e alla Qosja, gli altri arrestati sono Floris Buzdra (cugino della Qosja) e Italo Bergonzoni.

- **10 giugno 2000, Torre Annunziata (Napoli)**

Cattura del latitante camorrista Ferdinando Cesarano.

- **30 novembre 2002, Ostia (Roma)**

Cattura del pericoloso latitante francese di origine tunisina Faid Isa Kamal (36 anni), ricercato per numerose rapine e tentato omicidio. Le indagini avevano avuto inizio il 9 giugno precedente quando, per impadronirsi della pistola di un Carabiniere, il sospetto non esitava a ferire a colpi di pistola un militare intervenuto in appoggio al collega. Kamal ricompare nel quartiere di Tor Bella Monaca il 16 ottobre successivo. A bordo di un' autovettura di grossa cilindrata, sperona due "gazzelle" della Benemerita, tentando di investire un Carabiniere. Percorre successivamente, per circa un chilometro, una strada in senso contrario, per esser raggiunto dai Carabinieri e finire fuori strada. Uscito dall'automezzo, il Kamal sparava all'indirizzo dei militari (facendo uso di una Smith & Wesson cal.38 Special con matricola abrasa) dileguandosi all'interno dei palazzi popolari. Il 6 novembre, i Carabinieri intercettavano ancora Kamal a Cerveteri (Roma). A bordo di un veloce automezzo, il sospetto forza il posto di blocco appositamente predisposto, tentando di investire uno dei militari. Il 30 novembre è infine scovato in una villa di due piani dell'Infernetto (Ostia), in via Annerivo 10.

Stavolta Kamal è insieme alla convivente, Caterina Cantale, alla figlia tredicenne e ad Alessandro P. (pregiudicato) e Alessandra R., proprietari della villa ed entrambi denunciati per favoreggiamento personale. Kamal (alto un metro e novanta centimetri, dal fisico atletico e facente uso di sostanze stupefacenti) è armato e giudicato altamente pericoloso. Alle ore 16.00 del 30 novembre, avuta la certezza che il Kamal si trovava in casa, i militari davano il via all'intervento. Sedici operatori del G.I.S. scavalcavano il muro di cinta della villetta e, dopo aver fatto saltare la porta blindata, irrompevano all'interno dell'obiettivo, immobilizzando tutti i presenti e traendo in arresto il Kamal senza sparare un colpo. All'interno dell'obiettivo veniva rinvenuta una carabina cal.22, una carabina ad aria compressa cal.4.5, ventidue cartucce a pallini di vario calibro, otto cartucce cal.38 e quarantadue tra coltelli e pugnali di varie dimensioni.

- **28 giugno 2005, Bogogno, Novara**

Ore di terrore quello vissute dagli abitanti di Bogogno (paesino del Novarese) lunedì 27 giugno 2005. Alle ore 14:30, il geometra Claudio Morsuillo si reca presso l'abitazione di Angelo Sacco, programmatore informatico di 54 anni e abile tiratore, onde effettuare una perizia dell'appartamento, sottoposto a pignoramento a causa di debiti non saldati. Non appena accortosi dell'arrivo del geometra, il Sacco esce sulle scale imbracciando un fucile e, dopo aver atteso che l'uomo gli si parasse dinnanzi, lo colpisce mortalmente. Lo squilibrato si barrica poi in casa, e intorno alle 14:45 apre il fuoco indiscriminatamente verso la strada dal proprio balcone. Daniele Consonni, si trova qualche minuto dopo a passare in automobile lungo la via. Alle sue spalle procedono un'altra autovettura e un 4X4, mentre dinnanzi a sé si trova la vettura di un'avvocatessa di Arenzano.

"Improvvisamente la macchina della signora ha inchiodato" - racconta il Consonni – *"Non capivo il perché. Ho guardato in alto e sul ballatoio di quella casa ho visto un uomo in maglietta verde e pantaloni cachi con un fucile da caccia in mano".*

Si tratta del Sacco che, avvistata la macchina della donna, non esita a sparargli contro una decina di colpi, ferendo a una spalla la conducente, la quale riesce comunque a fuggire mettendosi in salvo. Anche il Consonni e l'autista del 4X4 fuggono, riparandosi dapprima dietro una vettura e successivamente nel cortile di una casa.

"Quello continuava a sparare a tutto quello che si muoveva, anche a ciò che non si muoveva", ricorda il Consonni. Dopo aver sparato diverse decine di colpi, l'arma si inceppa, ma è solo questione di secondi prima che il folle ricompaia armato di un nuovo fucile. Dalla vicina stazione dei Carabinieri le volanti partono alla volta del luogo dell'incidente, dove si sta dirigendo anche Giampiero Cossu. Carabiniere di Bogogno, sposato e con una bimba di quattro anni, Cossu era in procinto di partire alla volta di Gattico (ove svolgeva servizio) quando, udito dell'accaduto, ha deciso di dare una mano ai colleghi della locale stazione. E' stato il primo dei Carabinieri a essere colpito dal Sacco, ed è morto sull'asfalto, senza che nessuno potesse aiutarlo a causa dei proiettili del folle, che oramai rimbalzavano tutto intorno, mentre i militari urlavano agli abitanti di non affacciarsi o uscire in strada. I colleghi di Cossu, anch'essi feriti, non hanno potuto far altro che assistere impotenti quando, alle 15:30, hanno visto sopraggiungere una motocicletta. I militari hanno provato ad avvertire il conducente, Giovanni Paracchini, ma non hanno potuto fare nulla quando la moto è finita nel campo di tiro del Sacco. Paracchini è morto all'istante, colpito da una fucilata alle spalle, il corpo riverso esanime a terra, mentre qualcuno cercava

inutilmente di trascinarlo al sicuro. Il Sacco ha continuato a sparare fino alle ore 16:10, per poi barricarsi in casa e staccare il telefono. In zona arrivano nel mentre decine di volanti dei Carabinieri del Comando di Compagnia di Arona e del Comando Provinciale di Novara, unitamente agli uomini della Polizia di Stato e ai mezzi di soccorso. Sul posto (completamente isolato) giungono anche il Procuratore di Novara Corrado Canfora, il Comandante Provinciale dei Carabinieri Fabrizio Bernardini e il Questore Andrea Ninetti. Gli elicotteri sorvolano il perimetro dall'alto, mentre gli inquirenti cercano inutilmente di mettersi in contatto con il Sacco, anche per mezzo della madre e della sorella, abitanti nello stesso stabile di tre piani. Le forze dell'ordine seguono i movimenti dello squilibrato tramite i microfoni installati nell'abitazione delle due donne. Alle ore 19:00 circa, giungono da Livorno in elicottero gli uomini del G.I.S., i quali si mettono immediatamente al lavoro onde definire i dettagli per un'eventuale irruzione. Inutilmente il Procuratore Canfora ha cercato di instaurare un colloquio con il Sacco. Alla fine si è deciso di rompere l'assedio attraverso l'intervento del G.I.S.

"Alle 00:03 abbiamo gettato cariche irritanti" - racconta il Procuratore - *"Alle 00:05 gli ho dato l'ultimo avviso e poi eravamo d'accordo con i G.I.S. che dopo cinque minuti sarebbero intervenuti."*.

Dopo aver riempito la casa di gas urticante al peperoncino, gli operatori hanno fatto saltare la porta dell'abitazione e, nel buio dovuto al taglio temporaneo dell'elettricità, hanno bloccato lo squilibrato senza sparare un colpo.

"I nostri ordini erano di catturarlo vivo", ha dichiarato il Comandante della squadra intervenuta.

"Tra l'esplosione per far saltare la porta d'ingresso e l'immobilizzazione del soggetto, l'operazione è durata non più di sette secondi. Sacco era seduto sul divano nella stanza d'ingresso. Con noi non ha parlato, non ne ha avuto il tempo. Era stordito, gli abbiamo soltanto

detto: 'Siamo Carabinieri.' Non aveva armi vicino a lui, ma nella stanza a fianco ce n'erano parecchie".
"Quando i Carabinieri del G.I.S. hanno fatto irruzione nella sua casa - ha sottolineato il Generale Saverio Cotticelli, Comandante dei Carabineri del Piemonte e della Valle d'Aosta - Sacco si era già arreso. Il suo atteggiamento era quello tipico di chi non vuole morire. Lui ha ucciso e noi lo abbiamo preso vivo senza spirito di vendetta."

Lo squilibrato è stato trasferito nel carcere di Novara. Il Comandante Generale dell'Arma dei Carabineri, Luciano Gottardo, ha successivamente reso omaggio alla salma di Giampiero Cossu nell'obitorio dell'ospedale di Novara, incontrandone la vedova.

Il Comandante ha anche visitato i sei Carabinieri feriti e ricoverati a Novara e a Borgomanero.

"I Carabinieri – ha sottolineato – hanno pagato per la loro generosità, sapendo i rischi cui andavano incontro. Il loro intervento ha salvato altra gente del paese e impedito che il bilancio della sparatoria, già gravissimo, si aggravasse ulteriormente."

- **18 luglio 2009, frazione Bosco di Nanto, Vicenza**

Blitz per catturare Battista Zanellato, 84 anni, che, asserragliato nella propria abitazione, aveva poche ore prima ucciso un ufficiale dei Carabinieri con un colpo di fucile.

- **1 ottobre 2009, Napoli**

Blitz per catturare il boss latitante Ciro Nappo, di 34 anni, ritenuto reggente del clan camorristico Gionta di Torre Annunziata. La fulminea irruzione delle forze speciali nella casa del latitante di fronte a Palazzo Fienga, roccaforte del clan, ha permesso di mettere in sicurezza l'area prima di procedere alla cattura in una situazione potenzialmente pericolosa. I pensili della cucina di Nappo nascondevano una parete in apparenza piastrellata ma che si apriva, portando in un locale segreto ove l'uomo si ritirava durante le ricerche delle forze dell'ordine.

- **6 novembre 2009, Città di Castello**

Blitz per catturare un cittadino sudafricano, che poche ore prima aveva assassinato a colpi di pistola un uomo di origine polacca. Durante l'irruzione uno dei carabinieri del GIS è rimasto lievemente ferito al viso da una scheggia.

- **29 maggio 2010, Comacchio**

Blitz per catturare Mario Cavalieri, asserragliato in casa. Nella giornata precedente aveva preso a pugni una vigilessa, e poco dopo si era chiuso respingendo le trattative delle forze dell'ordine. Dopo quasi trenta ore di assedio alla casa di via Spina a Comacchio, Mario Cavalieri, che era barricato nella camera da letto, si è arreso alle 16.45 ai Carabinieri del Gis, che hanno sfondato la porta della camera e lo hanno bloccato.

- **30 giugno 2011, Collegno (TO)**

Irruzione nell'appartamento di Santo Guglielmino, dopo che questi si era barricato in casa per 15 ore, tenendo in ostaggio la convivente Rosa Colusso, un'anziana di 86 anni affetta da demenza senile.
Prima dell'intervento l'uomo ha ucciso la compagna e dopo aver sparato due colpi fuori dall'appartamento, si è suicidato.

- **7 dicembre 2011, Vandoies di Sopra (BZ)**

Irruzione nel maso-villetta di Erwin Heinrich Purer, per arrestare il "re delle evasioni" Max Leitner.

- **3 maggio 2012, Romano di Lombardia, nella Bergamasca**

Un uomo armato si barrica nella sede delle Agenzia delle Entrate prendendo in ostaggio alcune persone presenti nell'ufficio. Dopo 30 minuti l'uomo rilascia tutti gli ostaggi tranne uno. Alle 17:30 i GIS arrivano sul luogo e nelle ore successive il blitz sembra quasi imminente, ma intorno alle 20:30 l'ultimo ostaggio viene liberato grazie alla mediazione di un carabiniere all'interno e dei negoziatori del GIS.

Organizzazione

La sede dei GIS è a Livorno. Il numero esatto del personale operativo è un'informazione riservata, si sa però che il Gruppo è organizzato a livello di compagnia. Il GIS è comandato da un tenente colonnello ed è organizzato in:

- Una sezione comando.
- Una sezione amministrativa: ha il compito di provvedere agli aspetti amministrativi e si trova all'interno del Comando Generale dell'Arma a Roma.
- Una sezione addestramento ed esercitazione: seleziona, qualifica e mantiene elevato lo standard di preparazione degli operatori.

La componente operativa si presume disponga di circa 150/180 effettivi ed è divisa in:

- Una sezione di esplorazione, ricognizione e acquisizione obiettivi.
- Una sezione di combattimento, suddivisa in quattro distaccamenti operativi. A seconda del tipo di intervento, ogni sezione può essere suddivisa in distaccamenti più piccoli e della consistenza di cinque operatori.
- Una sezione di tiratori scelti, suddivisa in distaccamenti operativi.
- Un unità di negoziazione, addetta a condurre le negoziazioni in caso di crisi.
- Una sezione tecnica, che si occupa dello studio e dell'approvvigionamento dei materiali necessari all'espletamento dei compiti affidati al reparto.

La sezione di combattimento, la più numerosa, è a sua volta suddivisa in tre distaccamenti costituiti da squadre di quattro uomini:

- Un comandante.

- Uno specialista in esplosivi.
- Uno specialista in arrampicata.
- Uno specialista di equipaggiamenti.

In ogni momento c'è un distaccamento pronto a lasciare la base in 30 minuti. A questo scopo hanno sempre a disposizione alcuni Agusta-Bell AB 412 in dotazione ai carabinieri e un aereo da trasporto della 46ª Brigata Aerea dell'Aeronautica Militare di stanza nella vicina Pisa che, quando necessario, può fornire i velivoli C-130 Hercules. I rimanenti possono essere impiegati entro tre e ventiquattro ore dall'allarme. Nei casi più urgenti un nucleo avanzato precede la sezione operativa al fine di pianificare la strategia di intervento in base a informazioni di prima mano. La sezione di esplorazione, ricognizione e quella di tiratori scelti è a sua volta costituita da squadre di tre uomini: due tiratori armati con Mauser 86 SR e un esploratore equipaggiato con un HK PSG-1 semiautomatico. Durante le azioni più lunghe gli uomini possono avvicendarsi nel ruolo di esploratore.

Selezione e addestramento

Trattandosi di un'unità d'elite, il percorso che i candidati devono compiere per accedervi è particolarmente duro e selettivo fin dalla prima fase che prevede colloqui e visite psicofisiche.
Il bando di concorso (interpellanza in gergo) è stato aperto, dal 2011, agli appartenenti all'Arma che non abbiano compiuto il 33° anno di età. Non sono previsti per il momento corsi per operatori del rango di ufficiali. Non è quindi più condizione indispensabile l'essere effettivi al 1° Reggimento Tuscania.
Il corso è denominato "Operatore G.I.S. con brevetto militare d'incursore", poiché alla fine dell'iter formativo il militare riceve il brevetto militare di incursore, così come avviene nelle altre tre Forze Speciali Italiane già indicate.
I carabinieri, che fanno domanda vengono inviati presso il 1° Reggimento Tuscania dove iniziano il durissimo percorso selettivo. La prima fase di selezione per il GIS prevede un colloquio con un alto ufficiale dei GIS che ne verifica le motivazioni, un elemento chiave per entrare a far parte del reparto. Poi sono esaminati da psicologi e medici. Questa prima selezione è superata dal 40% dei candidati.

Corso paracadutisti

I superstiti iniziano quindi un durissimo iter formativo presso il Tuscania di circa 9 mesi (tale addestramento è pressoché identico a quello che effettuano i carabinieri paracadutisti del Reggimento Tuscania, pertanto coloro che provengono da quest'ultimo vengono direttamente immessi alla seconda fase, ossia quella specialistica per il GIS).
Il corso comprende:

- Corso di paracadutismo militare; (lancio con fune di vincolo).

- Addestramento all'impiego operativo di corde.

- Corso di primo soccorso operativo (CLS).

- Tecniche di orientamento e di navigazione terrestre.

- Corso difesa personale (Krav Maga).

- Corso NBCR sulle operazioni in ambienti contaminati.

- Tecniche di mascheramento, mimetizzazione, movimento tattico, superamento ostacoli, capacità di operare in sicurezza in ambienti montani e sopravvivenza in climi rigidi.

- Corso per operatore eliportato.

- Addestramento di pattuglia e di plotone: (procedure operative standard delle minori unità, operazioni anfibie, ricognizioni, acquisizione obiettivi, piantonamenti, tecniche di guerriglia, anti-guerriglia e operazioni speciali).

- Tecniche Sopravvivenza, Evasione, Resistenza agli interrogatori e Fuga.

- Addestramento all'impiego di armi e materiali speciali: (tiro con armi corte, medie, lunghe, utilizzo accessori vari, materiali esplodenti o speciali, piena conoscenza degli apparati per le comunicazioni, anche satellitari, in dotazione al reparto).

- Tecniche di combattimento e pattugliamento in ambiente urbano (MOUT/FIBUA/FIWAF).

- Tecniche di Polizia Militare, Counter-IED, HUMINT e all'impiego in unità e comandi multinazionali.

I carabinieri che terminano il periodo addestrativo, circa il 30% rispetto ai candidati iniziali, sono ammessi alla frequenza di un corso di 45 settimane diviso in un Corso Base di 18 settimane (superato al più dal 50% dei candidati) e in un Corso Specialistico di 27 settimane. Solo a questo punto si diventa membri operativi ed effettivi del reparto.

Corso base G.I.S.

Durata 18 settimane.

- Esercizi fisici e arti marziali; oltre a un intenso esercizio fisico, i candidati apprendono le arti marziali (soprattutto Judo, Wu-shu e boxe thailandese) per disarmare, immobilizzare e, in generale, poter fronteggiare combattimenti corpo a corpo senza l'impiego di armi da fuoco.

- Esplosivi: costruzione, impiego e disinnesco di ordigni esplosivi.

- Armi da fuoco: uso di armi da fuoco lunghe e corte (pistole, pistole mitragliatrici, mitragliette, mitragliatrici, fucili, fucili d'assalto e fucili di precisione), scelta del tipo di arma e di munizionamento in funzione dello scenario operativo.

- Equipaggiamenti speciali: uso di apparati elettronici di sorveglianza quali ad esempio visori notturni, telecamere a fibra ottica, microfoni, oltre a strumenti meccanici di intrusione quali quelli utilizzati per lo sfondamento di porte.

- Tecniche di irruzione: modalità di irruzione in edifici, veicoli, aeromobili.

- Tecniche di arrampicata e discesa: arrampicata in diverse situazioni utilizzando corde, scale e altri strumenti; utilizzo della tecnica *fast rope* per la discesa rapida da edifici o elicotteri.

- Tecniche fotografiche: tecniche di base di fotografia e uso di macchine fotografiche, videocamere, apparecchiature per la registrazione termica e agli infrarossi, elaborazione di immagini. Chi sarà assegnato alla sezione degli esploratori/ricognitori approfondirà ulteriormente queste nozioni.

- Valutazione degli obiettivi: raccolta di informazioni utili per la pianificazione di un'azione quali la robustezza e il tipo di materiali di porte, finestre e strutture.

- Tiro: esercitazione al tiro soprattutto contro obiettivi statici utilizzando sia un sistema noto come FATS (Fire Arm Training System), un sistema laser interattivo che proietta su uno schermo immagini e registra tutte le reazioni dell'allievo, sia prove di fuoco con munizionamento reale.

- Attività di polizia: tecniche di arresto.

- Inglese.

- Scorta ad alto rischio sia da presso che a distanza.

- Tecniche di primo soccorso.

Corso specialistico G.I.S.

Durata 24 settimane.

- Tiro avanzato: tiro contro obiettivi in movimento e in presenza di ostaggi per apprendere a discriminare tra individui ostili o innocenti in frazioni di secondo; tiro da posizioni difficili e con entrambe le mani, sia da soli che in squadra utilizzando munizionamento reale.

- Tecniche avanzate con esplosivi: uso di esplosivi in presenza di ostaggi, caratteristiche e scelta degli esplosivi e della quantità e modalità di impiego per minimizzare i danni collaterali. Uso di gas e loro impiego con granate da 40 mm.

- Sci e arrampicata: frequentato presso il Centro Alpino dei Carabinieri a Selva di Val Gardena e nella scuola degli Alpini ad Aosta.

- Guida veloce: tecniche di guida difensiva e offensiva.

- Nuoto e assalto anfibio: frequentato presso il Centro Sub dei Carabinieri di Genova-Voltri, quindi presso il COM.SUB.IN. della Marina Militare per apprendere tecniche di ricognizione, avvicinamento, assalto e combattimento anfibio, oltre che l'uso di equipaggiamenti per subacquei ARO/ARA, motoscafi e gommoni.

- Infrastrutture: vengono studiati edifici, treni, aerei, autobus, che caratterizzano i possibili teatri di impiego. A questo scopo i GIS hanno un archivio molto dettagliato di obiettivi sensibili quali ambasciate, edifici pubblici, industrie, oltre che specifici modelli simulacri di veicoli e aeromobili con cui addestrarsi.

- Tattiche di guerriglia e contro-guerriglia: per apprendere le tecniche comunemente utilizzate dai terroristi quali imboscate, contro-imboscate, neutralizzazione di oppositori, combattimento in aree urbane.

- Assalto ad aeromobili: i GIS sono la principale unità di assalto ad aeromobili in Italia. Mensilmente (ma forse anche ogni due settimane) conducono esercitazioni specifiche con simulacri a grandezza naturale per apprendere e perfezionare l'uso di esplosivo e altre tecniche per lo sfondamento dei portelloni, scale telescopiche, sensori termici e altri strumenti e tecniche applicabili in quelle situazioni.

Entrati a far parte della forza effettiva dei GIS, l'addestramento è quotidiano e le loro capacità sono perfezionate grazie a ulteriori corsi.

Corsi di perfezionamento

- Corso di Paracadutismo con la Tecnica della Caduta Libera (TCL), che si svolge presso il Centro Addestramento Paracadutismo (CAPAR) di Pisa per un periodo compreso tra le cinque e le sei settimane, durante le quali si effettuano lanci ad apertura comandata da una altezza massima di 3-4000 metri (10.000 piedi).

- Corso Avanzato di Paracadutismo, della durata di 3-4 settimane, per l'appredimento delle tecniche per lanci ad alta quota (di 7.000-11.000 metri) con ossigeno ad apertura a quote basse – HALO (High Altitude Low Opening) o con apertura ad alta quota e navigazione sotto vela – HAHO (High Altitude High Opening).

Corsi per specialità

- Corsi per Tiratori scelti: frequentati solo dai candidati della sezione esplorazione, ricognizione e tiratori scelti per apprendere il tiro di precisione e contro cecchini, le tecniche di occultamento e camuffaggio, il fuoco coordinato e l'uso di diversi tipi di armamento e mirini.
  Per il fuoco coordinato tra più tiratori si addestrano all'uso del sistema Sincrofire che consente al responsabile dell'azione di vedere quanto viene inquadrato dai singoli tiratori e di comandare il fuoco simultaneo.

- Corso EOD (Operatore Bonifica Ordigni Esplosivi) e Corso IEDD (Operatore Bonifica Ordigni Esplosivi Improvvisati).

- Corso Combat Medic. A livello nazionale gli Incursori destinati a questo settore conseguono la qualifica di "Soccorritore Militare" presso la Scuola di Sanità di Roma, dopo un corso di tre settimane che garantisce, tra l'altro, una sorta di veste legale per operare nell'ambito del primo soccorso, anche se con significative limitazioni. Special Operations Combat Medics (SOCM) Course", svolto presso l'ISTC di Pfullendorf e che insegna le procedure fondamentali di pronto soccorso, come fermare le emorragie e garantire una corretta terapia infusionale ed anti shock, e soprattutto il prestigioso corso "18D – Special Operations Combat Medic" dei Berretti Verdi americani. Della durata complessiva di circa un anno, quest'ultimo è tenuto presso il JFKSWTSC di Fort Bragg ed è dedicato esclusivamente alle Forze Speciali (per l'Italia lo frequentano anche operatori del GOI, del GIS e del 17° Stormo).

- Corso FAC (Forward Air Controller), per abilitazione alle missioni relative alla direzione da terra degli attacchi aerei e la designazione ai piloti degli obiettivi, tenuto presso la Scuola di Aerocooperazione dell'Aeronautica Militare, della durata di cinque settimane (tre teoriche e due pratiche). Tale qualifica è limitata agli elementi in possesso del necessario livello di conoscenza della lingua inglese (che può essere conseguita con la frequenza del corso avanzato alla SLEE di Perugia). Di norma, il corso è seguito da quello di Controllore del Fuoco per Operazioni Speciali (CF/OS), di ulteriori tre settimane. Tutto ciò prelude all'abilitazione alla funzione di Laser Target Marking (FAC/LTM) per l'impiego dei designatori laser in dotazione al Reggimento. L'addestramento all'impiego dei relativi designatori laser avviene con corsi di un paio di settimane, che si tengono nei principali poligoni alleati (in Sardegna come all'estero), o addirittura in occasione delle missioni esterne, durante la permanenza dei distaccamenti in teatro.

Corsi all'estero

Infine sono continui rapporti di collaborazione con reparti militari anche stranieri; infatti, altri corsi vengono svolti all'estero l'International Special Traning Center – ISTC di Pfullendorf, Germania, la scuola delle Forze Speciali della NATO, e varie esercitazioni congiunte con i colleghi delle FS e Antiterrorismo (SWAT - USA, GSG9 - Germania, GIGN - Francia) degli altri paesi.

Armamento

I GIS hanno in dotazione armi e altri dispositivi molto sofisticati. Le armi più comuni sono le Beretta 92FS e HK MP5 (nelle versioni A5, KA4 e SD3), MP7 ma usano anche Beretta M12, Steyr TMP, Smith & Wesson 357 Magnum.
Ultimamente i GIS hanno sostituito la pistola Beretta con la più moderna Glock 17, considerata più pratica per la presenza della slitta nella parte anteriore/inferiore del fusto, atta all'inserimento delle torce tattiche e/o puntatori laser, nonché per la praticità e rapidità di utilizzo grazie al cospicuo volume di fuoco.
Come fucili a pompa utilizzano Franchi SPAS-12, SPAS-15, PA3 e Benelli M-4 Super 90. Come fucili d'assalto vengono utilizzati lo Steyr AUG, il Colt (o Bushmaster) M4A1 SOPMOD e l'Heckler und Kock G-36, nella versione K (Kurz) e C (Commando).Attualmente sono stati affiancati dal fucile d'assalto HK416 e l'HK417. I Barrett M82 sono invece utilizzati per colpire obiettivi a lunga distanza o molto protetti. I tiratori hanno in dotazione anche Mauser 86 SR e Heckler & Koch PSG-1 equipaggiati con un sistema Syncrofire che fa sparare tutti i fucili controllati simultaneamente. Su tutte queste armi possono essere installati vari visori laser o a infrarossi, visori notturni, silenziatori e mirini telescopici. Per quanto riguarda la divisa, quella normalmente utilizzata è blu scuro (ma ne hanno anche di mimetiche) costruite in materiali ignifughi e isolanti e completata con vari rinforzi (ginocchiere, gomitiere), diversi tipi di caschi e giubbotti antiproiettili. Per comunicare tra loro utilizzano laringofoni e cuffie. In totale l'equipaggiamento indossato dai GIS in azione si aggira sui 30 kg.

Made in the USA
Monee, IL
07 July 2026